한국대학의 구조개혁과 특성화
METAMORPHOSIS
대학의 메타모포시스

한국대학의 구조개혁과 특성화

대학의 **메타모포시스**

이상훈 지음

지식공감

Nothing endures but change.
변화 외에 불변하는 것은 없다.

-Heraclitus

If we want everything to remain as it is,
it will be necessary for everything to change.
모든 것이 그대로 있기를 바란다면, 모든 것이 변해야 한다.

-Giuseppe Tomasi Di Lampedusa

서문

• • •

지금처럼 아이들 놀이거리가 다양하지 못했던 우리가 어렸을 적 최고의 장난감은 단연 곤충이었다. 특히 사슴벌레와 장수풍뎅이처럼 그 크기와 생김새, 그리고 놀라운 힘을 가진 곤충은 아이들의 호기심을 충분히 자극할 만했다. 어렸을 적 시골에 놀러 가면 뒷산에 있는 나무에 붙어있는 큰 풍뎅이를 잡고는 동네 친구들에게 자랑했던 기억이 난다.

요즘 마트에 가보면 그 곤충들을 애벌레에서부터 키울 수 있게끔 그럴듯한 플라스틱상자에 넣어 팔고 있다. 초등학생인 아들이 마트에 가면 호기심 어린 눈빛으로 바라보곤 했는데 이유를 물어보면 이렇게 대답했다.

"이 통통한 애벌레가 번쩍이고 멋있는 풍뎅이가 되는 게 정말 신기해요"

과연 아들의 호기심을 자극하는 부분은 'Metamorphosis(변이, 변태)'에 있었다. 유약하며 볼품없는 애벌레가 번데기를 거쳐 크고 힘이 쎈 장수풍뎅이나 사슴벌레로 변하는 과정 말이다.

　우리나라 대학의 현 상황을 이야기할 때 우리가 주목해야 할 키워드는 '변이'이다. 우리나라는 '한강의 기적' 이후 세계에서 유래를 찾기 힘들 정도로 빠르게 경제적, 문화적, 정치적 발전을 해 왔다. 허나 그 부작용도 만만치 않다. 경제발전 수준에 못 미치는 복지수준 등 각종 사회적 지표는 눈부신 발전성과에 비해 초라한 수준이다. 특히 교육, 그 중에서도 고등교육(대학) 부문은 80% 이상 사립에 의존하고 있는 특성상 시장논리에 맞춰 성장했고 그로 인한 부작용은 오늘날 더 이상 방치하기 어려운 수준에 이르렀다.

　과거와는 달리 대학은 더 이상 학술과 지식을 제공하는 상아탑이 아니다. 구태의연한 교육방식과 권위만을 강조하며 변화를 두려워했던 대학은 그저 좋은 스펙을 얻기 위한 '취업학원'으로 전락한지 오래다.

　하지만 시대가 변화하고 있다. 인구구조와 교육환경의 변화가 대학에 새로운 역할을 요구하고 있는 것이다. 사회가 요구하는 시대적 사명을 무시한 채 변화를 두려워하며 현실에 안주하기만을 바란다면 생존할 수가 없는 시대가 도래한 것이다. 대학이 '변이'해야만 하는 이유는 바로 여기에 있다.

　우리나라 대학의 미래는 그리 밝지만은 않다. 무너진 상아탑은 학문별 나르시시즘과 구태의연한 교육방식으로는 재건이 어려우며, 사립대학의 비중이 높은 우리나라 대학의 구조상 선택적 집중이 없는 변화는 비효율적이고, 독창성을 담보하여 차별화하지 못한 대학은 수요자중심으로 재편되는 대학의 구조개편에서 선택받기 힘들 것이다.

그렇기 때문에 대학이 '변이'에 성공하기 위해서는 정부의 올바른 정책적 방향성이 담보되어야 한다. 우리나라의 대학은 80%이상이 사립대학이며 열악한 재정구조상 정부 지원 없이는 성공적인 구조조정을 행할 수 없기 때문이다. 정부 정책은 어떻게 육성해 나갈 것인가에 주관점을 두어 '골고루 나눠주기' 식의 정책보다는 선택과 집중을 통한 양질의 육성을 꾀하는 것이 필요하다. 또한 지속성이 담보되지 않는 정부의 일회성 정책은 대학의 구조개편을 통한 사회 경쟁력의 강화라는 정부 정책의 본래 취지와는 상반되게 오히려 대학 구조개편의 혼란을 가중시켜 대학의 '변이'를 지연시키는 부작용만을 일으킬 것이다.

뿐만 아니라 대학 스스로의 적극적인 혁신과 개혁의 노력이 필요하다. 평가 기준에 충족하기만을 위한 노력은 그 한계가 분명하고 효과도 지속적이지 못하다. 오히려 근시안적인 목표에만 맞춰진 급조된 계획을 실행하다 보면 부작용이 더 큰 경우도 종종 있다. 때문에 대학은 작고 연약한 애벌레 시절에서부터 힘을 비축하고 인고의 번데기 과정을 거쳐 단단하고 강한 장수풍뎅이로 '변이'해야 한다.

지금 대학은 중대한 기로에 서 있다. 다가올 인구절벽과 교육환경의 변화로 인해 대학의 역할 변화가 요구되고 있으며 정부 정책은 대학 구조조정을 위한 평가의 잣대를 엄격하고 가혹하게 적용할 것임이 분명하다. 따라서 대학은 '변이'에 대비해야 한다. 변화를 이겨낼 수 있는 힘을 길러낼 수 있도록 모습을 변화시켜야 하고 생존을 위해 체질을 개선해야 한다. 이미 몇몇 대학들은 그 과정에 들어섰거나 준비 중에 있다. 하지만 대다수의 대학은 내·외부적인 다양한 요인들로 인해 '변이'에 대한 첫걸음조차 내딛지 못한 경우가 대부분이다.

이 책은 대학이 큰 변화에 대비할 때에 작은 도움이나마 드리는 마음으로 많은 대학프로젝트를 수행하면서 얻은 경험들을 정리하여 대학 관계자들에게 조언이 될 만한 내용들로 구성되었다. 부족하나마 '변이'의 첫걸음을 내딛는 대학들에게 도움이 되길 바란다.

2015년 9월

차례 contents

서문 — 6

제1부 / 대학의 위기와 대응

Chapter 1. 위기의 배경

대학교육의 패러다임 변화 — 19
학령인구의 감소 : 입학자원이 부족하다 — 24
대학 진학의 의식 변화 — 30

Chapter 2. 정부 정책의 변화

자율경쟁 구조에서 중앙조정 기능으로 — 41
정부의 '고등교육 정책' 방향 — 45
정부의 '채찍형' 고등교육 정책 — 66
정부의 '당근형' 고등교육 정책 — 70
정부 정책의 패러독스 — 75

Chapter 3. 대학의 위기, 대학들은 어떻게 대응하나

생존을 위한 한국 대학의 몸부림 — 81
대학의 위기, 해외 대학은 어떻게 극복하고 있나? — 94

Chapter 4. 대학은 어떻게 나아가야 하는가?

대학 수는 줄이되 질은 높여라 : 정부의 구조조정 정책 — 109
대학의 '경쟁력'과 '질'은 정말 높아질 수 있을까? — 112
해외 대학에서 한국 대학의 미래를 보다 — 118
구조개혁 시대, 대학이 나아가야 할 방향은? : 특성화 — 123

차례 contents

제2부 / 구조 개혁과 특성화 방향

Chapter 5. 생존을 위한 방법 : 특성화

왜 특성화인가? — 129

대학 특성화의 시대적 변천 — 131

특성화 = 집중화 + 차별화 — 137

특성화만이 살길이다 — 142

Chapter 6. 대학 특성화의 현재 모습

모두 '똑같은' 특성화? — 147

특성화의 성공 요소 — 158

특성화 차별화에 성공한 대학들 — 172

미래 특성화를 위한 고정관념의 탈피 — 186

Chapter 7. 대학 특성화 추진 방향

대학 특성화 방향은? — 201

대학 특성화 실행방법 — 205

정부 재정지원사업에 대한 대응 방안 — 210

지금 아니면 언제? — 214

부록 — 219

대/학/의/M/E/T/A/M/O/R/P/H/O/S/I/S

1부

대학의 위기와 대응

CHAPTER. 1
위기의 배경

대학교육의 패러다임 변화

　IT기술의 발달로 인해 21세기는 정보화 사회로 변화하였다. 인터넷과 스마트 폰만 있으면 누구나 손쉽게 장소와 시간에 구애 받지 않고 원하는 정보를 얻을 수 있는 말 그대로 유비쿼터스 시대인 것이다. 극도로 넘쳐나는 정보의 양과 그 속도로 인해 세계화, 정보화, 지식집적화로 구분되는 지식정보사회로 변화하는 사회는 정치와 경제, 문화 등 모든 분야에 영향을 미치고 있다. 이러한 사회의 변화는 고급정보와 지식을 다루는 인력의 수요를 필요로 하게 되었고 교육의 기능과 교육시스템 역시 이러한 사회에 적합하도록 요구되고 있다.

　이러한 시대적 변화는 모든 국가로 하여금 교육의 새로운 패러다임을 요구하여 사회와 국가를 가장 효율적인 '지식의 웹(Web of Knowledge)'으로 구축하는 데 정성을 쏟도록 하고 있다. 우리나라도 이러한 변화과정에서 예외가 될 수 없다. '두뇌강국'과 '지식강국' 그리고 '창의형 교육패러다임'의 구축을 위해 보다 합리적인 체제가 필요함에 따라 지식기반사회에 맞는 교육개혁을 추진하고 있다.

기본적으로 지식기반사회를 대비한 국가발전 전략의 큰 틀은 사회와 국가 전체의 구도 속에서 자리매김하여야 할 것이지만, 여러 사회 기간 중에서도 지식창출과 응용 그리고 재생산을 그 역할로 하는 교육체제의 경쟁력 제고가 우선이 되어야 한다. 선진국을 보더라도 지식기반사회에 적합한 교육시스템을 구축하기 위해 온 정열을 쏟고 있다. 미국의 경우, 70년대 말 이래 수차례의 교육 개혁안을 지속적으로 실천해 나가고 있으며 일본, 중국, 호주, 영국, 독일, 프랑스 등도 대학교육의 질 관리를 강화하는 등 대학개혁을 집중적으로 추진하고 있다. 따라서 우리나라를 포함한 세계 각국들은 지식기반사회에 대비한 선략과 문제점들을 중심으로 지식기반사회 구축을 위한 해답을 찾고 있으며, 그 해답의 하나가 효율적이고 경쟁력 있는 교육체제를 구축하는 데 있다는 점을 인식하고 있다. 지식기반사회의 핵심적 과제는 지식을 창출하고 응용하며 이러한 지식을 재구조화하는 지식의 생산구조를 효율적으로 구축하는 일이라는 점에 모두들 동의하고 있다. 따라서 지식강국을 위한 기본 여건과 활용체제를 위한 패러다임의 설정과 지식유통을 효율화시킬 수 있는 연계체제가 그 과제들이 되어야 할 것이다. 이 점에서 지식기반사회에 적합한 대학개혁 방안은 지식의 창출과 재생산 구조를 효율적으로 구축하는 일이 최우선 과제 중의 하나라 볼 수 있다.

세계적으로 대학들은 대학이 위치하고 있는 국가사회의 특성 여하에 따라 나름대로의 문제점과 위기를 내포하고 있다. 우리나라도 예외가 될 수 없으며 현재는 일부 선진국이 80년대에 경험했던 위기 요인에 의한 대학위기를 맞고 있다. 서구사회에서 80년대의 대학 생존전략을 감축, 재배분 그리고 긴축으로 제시한 바 있는데 오늘날 우리 대학에서 필요한 부분이 바로 대학 구조조정과 관련된 생존전략이라 할 수 있다. 더구나 대학은 거듭나기를 필요로 하고 있고 새로운 패러다임의 설정을 요구하고 있다. 우리나라 대학이 수립해야 할 전략도 우리나라 대학들의 현재 모습을 변화시켜야 함을 그 전제로 하고 있다.

미래의 대학은 사회, 경제, 문화, 정치적 변화에 따라 그 구조와 운영 면에서 이 같은 변화들을 수렴하여 재구조화해야 하는 수렴체제이자 미래지향적 자기발전과 생존을 추구해야만 하는 자구체적 특성을 갖게 될 것으로 예견된다.

이러한 체제적 변화들은 다음 몇 가지 패러다임의 변화로 요약할 수 있다.

첫째, 다양한 학문적 접근으로 인해 기존의 학과가 퇴조하고 복합적이고 융합적인 학문체제로의 변화가 시작될 것이다.

둘째, 학계와 학제, 학교 간의 이동이 자유롭게 이루어져 폐쇄적인 교육시스템에서 열린 교육시스템의 특성을 갖게 될 것이다.

셋째, 교수들의 교수 방법에 있어서도 인터넷이라는 매체를 통해 지역과 국가를 초월한 '초국적 교육'과 시간과 장소에 구애받지 않는 '탈캠퍼스적인 교육'이 확대될 것이다.

넷째, 대학의 인적, 물적 자원의 이동이 패러다임의 중요한 변화요인이 될 것이다. 그리고 국내 관점을 벗어난 21세기의 고등교육체제는 전공, 학년, 국적, 필수전공 등에 구애받지 않는 상황이 도래할 것으로 보인다. 더구나 대학입학 제도면에서도 다양화가 확대될 것이고 학생인구의 감소에 따라 학생선발제도의 특성화가 이루어질 것이다. 일류

대학에 지원하는 경향은 완전히 해소될 수 없지만 국내의 대학들과의 연계를 통한 공동학위 프로그램의 확대, 그리고 특성화 중심의 특화대학이 확산됨에 따라 기존의 일류대학의 개념은 상당 부분 변화될 것으로 보인다.

다섯째, 커리큘럼 운영 면에서도 학문의 융합적 접근과 다 전공적 접근이 이루어짐으로서 단일 학과만의 특성이 없어질 것으로 예상된다. 뿐만 아니라 현재에도 실행되고 있는 대학과 기업체, 연구기관 그리고 지역사회 간의 협력프로그램이 보다 확대될 것으로 보인다. 이와 함께 평생고등교육체제의 확대로 인한 고등교육인구 특성의 변화는 고연령, 시간제 학생 등의 증가를 가져와 시간제 학점당 등록제도의 촉진과 함께 학점은행과 자격증 중심 체제를 활성화시킬 것으로 보인다.

한마디로 21세기의 대학체제의 변화는 기존의 공급자 중심의 교육에서 수요자 중심 교육으로 전환될 것이며, 평생교육원 등과 같은 평생교육체제가 강화되는 '신 대학체제'가 확립될 것이다. 이때 중요시되는 점은 대학의 특성화, 다양화, 고객중심의 교육체제와 교육의 질 관리체제가 될 것이다.

결국, 미래 사회는 지식기반, 교육이동, 가상학습 등으로 특징 지어진다. 이러한 대학교육 여건의 변화는 우리로 하여금 새로운 패러다임을 요구하고 있다. 물론 대학의 기능과 역할도 커다란 변화를 예고하고 있어서 새로운 세기에 걸맞은 형으로의 재구조화가 불가피한 설정이다.

그러나 기존의 대학들이 유지하고 있는 구조적 현실을 감안할 때, 급격한 대학의 변화는 결코 간단한 문제가 아니다. 다만 지식기반사회에서 우리나라 대학들이 이 모습 이대로는 안 된다는 것만은 분명하며 어떤 형태로든 대학개혁이 이루어져야 한다는 생각은 더욱 강화될 것으로 보인다.[1]

---

1) 이현청, "21세기 대학 패러다임의 변화", 『대학교육』 제135호, 2005 에 주로 의존함

학령인구의 감소 :
입학자원이 부족하다

인구변화가 주는 경고

2015년 4월 2일, KBS는 '명견만리 : 청년이 사라진다'에서 인구절벽을 야기하는 대한 인구구조변화의 심각성을 재조명하는 프로그램을 방송했다. 주 내용은 이웃나라 일본의 인구구조 변화(고령화 사회)를 분석하면서 대한민국도 2018년이 되면 청년인구가 급감하는 시점을 지적하는 것이었다. 방송에서는 장기적인 불황과 출산율 저하로 인해 일본의 인구절벽 위기가 왔다고 지적했으며 일본의 사례와 같이 우리나라도 조만간 인구절벽의 위기에 봉착하게 될 것이라고 경고하고 있다.

방송에서 우리나라는 현재 세계 최저수준의 출산율을 기록하고 있다고 경고하고 있다. 값비싼 대학 등록금, 장기적 불황으로 인한 청년층의 취업난, 삼포세대(경제적 어려움으로 인해 연애, 결혼, 출산 3가지를 포기하는 세대) 등장 같은 사회초년생이 '생산 가능 인구층'으로 진입하기 위한 장벽이 과거와는 전혀 다른 차원으로 존재하게 되었다.

이러한 현상이 지속 된다면 10~15년 이내에 일본처럼 고령화로 인해 전 국토의 절반이 행정기능을 상실하게 될지 모른다는 예측이 우리에게도 현실로 닥치게 된다는 것이다.

인구 피라미드의 변화가 주는 경고

어두운 인구전망은 통계적 자료를 살펴보면 더욱 구체적으로 알 수 있다. 2010년을 기준으로 볼 때 우리나라의 인구 피라미드는 20대 이하가 전체인구의 37.3%, 30~50대는 47.2%, 60대 이상이 15.5%로 중간 연령층이 많은 종형 구조를 보이고 있다. 하지만 이 인구피라미드는 2010년 종형구조에서 2060년이 되면서 윗부분이 넓은 항아리구조로 점차 변화한다.

즉, 우리나라의 인구 피라미드는 점차 아랫부분이 좁아지고 윗부분 특히 고령자 부분이 넓어지면서 2060년에는 20대 이하는 21.8%로 감소하는 반면 60대 이상이 47.7%로 가장 큰 비중을 차지하는 역삼각형의 항아리구조로 변화하게 되는 것이다.

이러한 인구구조의 변화는 미래세대를 준비해야 할 청년인구, 생산가능인구의 급격한 감소를 뜻한다. 고령화의 진행과정에서 노동 공급이 줄어들게 되고 사회 전체의 생산성이 낮아지는 현상이 초래되는 것이다.[2]

---

2) 남상호 외 2명, 「인구구조의 장기전망 및 고령화의 경제적 영향분석」, 한국보건사회연구원, 2014

[그림 1-1] 성별 및 연령별 인구피라미드(2010~2060)

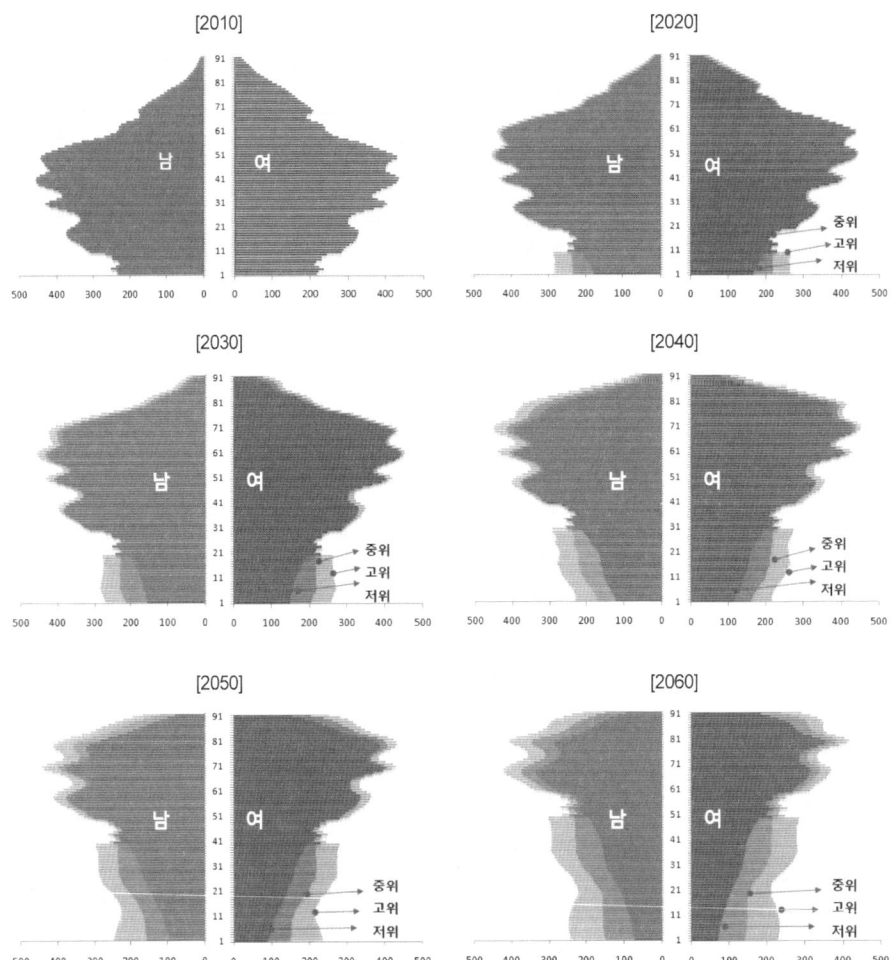

[출처: 남상호 외 2명, 「인구 구조의 장기전망 및 고령화의 경제적 영향 분석」, 한국 보건사회연구원, 2014]

학령인구의 감소 : '입학자원'이 부족하다

학령인구란 각급 교육기관에 재학할 적령기의 인구를 뜻한다. 만 나이를 기준으로 초등학교는 6~11세, 중학교는 12~14세, 고등학교는 15~17세, 대학교는 18~21세인 인구를 합산한 것이다.

학령인구 변화추이를 10년 주기로 살펴보면, 교육기관의 종류에 관계없이 1960년대 이후 급격히 증가하다가 감소는 경향을 보이고 있다. 다만 교육기관에 따라 그 정점이 차이가 있는데, 초등학교는 1969년(572만 명), 중학교는 1973년(200만 명), 고등학교는 1987년(278만 명), 대학교는 1990년(366만 명)을 기점으로 상승에서 감소세로 전환되었다.

대학교 학령인구(18~21세)는 통계 자료가 있는 1960년 이후 증가하다가 1990년 366만 명을 정점으로 감소하기 시작하였다. 2010년 200만 명으로 1990년의 72.9% 수준으로 감소하였고, 2060년에는 100만 명으로 감소하여 1990년의 34.5% 수준으로 줄어들 것으로 예상된다. 이는 2010년과 비교해보아도 47.3%에 불과한 수준이다.

또한 총인구에서의 비중을 보아도 1980년 9.5%에서 2010년 5.4%, 2060년 2.9%로 급격히 감소하고 있음을 알 수 있다.

[표 1-2] 대학교 학령인구 변화 추이

(단위 : 천명, %)

연도	총인구	대학교 학령인구	
		인구	총인구대비 비중
1960	25,012	1,941	7.8
1970	32,241	2,218	6.9
1980	38,124	3,632	9.5
1990	42,869	3,663	8.5
2000	47,008	3,275	7
2010	49,410	2,672	5.4
2020	51,435	2,308	4.5
2030	52,160	1,796	3.4
2040	51,091	1,751	3.4
2050	48,121	1,596	3.3
2060	43,959	1,264	2.9

[출처 : 황양주 외 1명, 「인구변화에 따른 교육기관 운영변화 예측」, 통계청, 2011]

현재 2015년을 기준으로 3년만 지나면 대학이 수용 가능한 정원의 최대치보다 대학에 진학하게 될 입학자원의 수가 적어지는 '입학정원의 역전' 현상이 예측되고 있다.

물론 이러한 전망은 정부와 유관기관 등의 평가를 통한 일정 기준 이하의 대학 퇴출 등의 구조조정과 입학정원 감축 등이 반영이 되지 않은 예측이다. 하지만 사립대학이 전체 대학의 80%를 차지하고 있고 대학사회의 성향 자체가 보수적인 대학내부 구성원(재단이사회, 교직원 등)의 구조조정반발 등을 예상해 볼 때 입학정원의 조정을 통한 대응은 대학 운영과 직접적으로 연결되는 문제이기 때문에 해결 과정이 지지부진해질 가능성이 높을 것으로 보인다.

게다가 단순히 입학정원을 조정하는 것이 문제의 근본적인 해결책도 아니다. 앞서 말했듯이 매우 높은 사립대학의 비율, OECD 평균 및 주요 선진국을 훨씬 웃도는 대학진학률과 등록금을 생각해 보면 고등교육기관에 대한 근본적인 정책 변화가 필요할 때라고 전문가들은 말하고 있다.

[그림 1-2] 입학자원 규모 전망

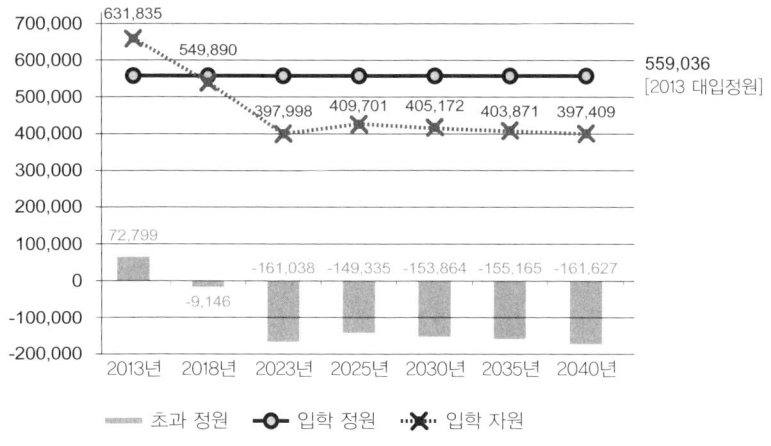

[출처 : 2013년 입학정원의 동결을 가정한 예측임. 대학입학자원은 교육부 전망치 활용]

대학 진학의 의식 변화

고등교육기관 진학의 추이 : 대학진학률의 감소

1980~90년대에 들어서면서 한국은 급속한 경제발전과 높은 교육열을 나타내게 된다. 이로 인해 대학에 진학하는 학생들의 수가 급격하게 증가하였다. 하지만 고등학생이 상급학교(대학)로 진학하는 비율은 2008년 83.8%를 정점으로 점차적으로 감소하고 있다. 이는 대학졸업자의 낮은 취업률과 장기적 경제 불황으로 인한 대학 진학 자체에 대한 비용 부담이 가중된 것으로 분석된다.

[그림 1-3] 고등교육기관 진학률 현황

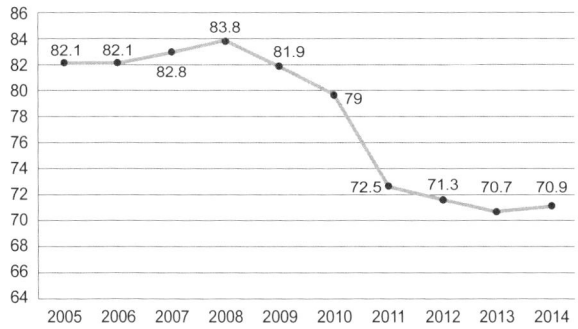

[출처 : 한국교육개발원, 「교육통계분석 자료집」, 2014]

한편 국내 대학교육 이수율은 66%로 2014년 발표된 OECD 평균 39%와 비교해 볼 때 매우 높은 수치이며 이는 6년 연속 OECD 1위를 기록하고 있는 것과도 일맥상통하고 있다. 교육환경과 구조가 비슷한 일본이 50%정도인 것과 비교해 볼 때도 국내 대학진학률은 절대적으로 수치가 높다는 것을 알 수가 있다.

[그림1-4] 대학교육 이수율 (단위 : %)

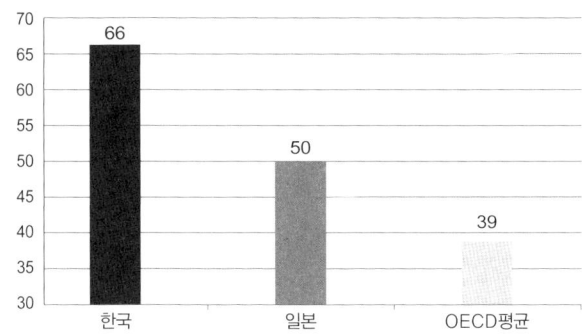

[출처 : 한국교육개발원, 「교육통계-2012」, 2013]

우리 사회에서는 이러한 학력 인플레로 인한 사회적 비용이 적지 않게 발생하고 있다. 구직을 시작하는 나잇대가 점차 늦춰지면서 '생산가능 인구층' 진입도 자연스럽게 지연되고, 소비활동도 위축되는 현상이 문제가 되고 고용자와 구직자의 일자리 미스매치현상도 사회문제가 되고 있고 있다.

정부는 학력과잉에 따른 사회적 비용을 감소시키고자 고졸채용을 확대-지원 하고 전문계고(마이스터고, 특성화고 등)같은 직업전문 중등교육기관의 육성을 통해 '생산가능 인구' 진입 시기를 앞당겨주는 정책을 추진하고 있다.

[표 1-3] 직업전문 중등교육기관 육성을 위한 정부 정책

구분	이명박 정부		박근혜 정부	
	열린 고용사회 구현방안	열린 고용 강화방안	경제혁신 3개년 계획	단계별 청년고용 대책
현장 교육	• 현장실습에 기업의 적극적인 참여지원	• 현장중심 실습을 위한 여건 조성 및 산학협력 체제 구축	• 특성화 고등 교육과정 참여 기업 지원	• 현장실습 조기 실시 • 제대로 갖추어진 기업에서 실습 확대
고졸취업 기회확대	• 공공부문 고졸적합 일자리 발굴 • 마이스터고를 취업학교로 육성 • 청년인턴제로 중소기업 취업촉진	• 고졸자 채용 문화 정착 • 고졸유망 일자리 발굴 강화 • 관련 부처 협회 기업 등과 채용 확대 협력	• 공공기관중심 고졸적합 직무 발굴 • 희망일자리와실제 일자리간미스매치 완화	• 스위스 식 직업 교육체계 시범도입 • 마이스터고 확산 • 청년인턴기업확대 • 채용형 인턴제확산 • 유망서비스업육성
병역관련 애로해소	• 기능인력 위주로 산업기능 요원제 운영 • 입영연기대상으로 일반고, 전 업종 확대	• 군복무 후 복직 시 기업에 세액공제 • 산업기능요원 기술병 선발 시 특성화고 졸업생 우대		• 근속 장려금지원 • 맞춤특기병제확대 • 군복무 후 복직시 고용 • 인센티브제공
직무능력 중심채용	• 직무성과급 확산 • 능력중심 승진제 정착	• 능력중심 인사관리 정착지원 • 평생경력개발경로 개발 및 보급	• 공공기관 채용 후 보직, 승진, 보수 등 제도 정비	• 고졸취업자 인사 관리 : 공공→민간 확산
후진학	• 일 학습 병행여건 조성 (계약학과 훈련비 지원) • 재직자 특별전형 확대	• 재직자의 학습부담 학비부담 완화 • 재직자 특별전형, 계약학과, 사내 대학 확대	• 일 학습 병행제 활성화 • 재직자특별전형,계약학과 활성화	• 일학습 병행 활성화 • 후진학경로확대 (채용조건형계약학과확대) • 재직자 특별전형 확대 • 사내대학 확대
여건조성	• 기술,기능인에 대한 제대로 된 대우 • 현장전문가중심으로정부위원회개편 • 경력이 학위로 이어지는 체계 구축 (평생학습계좌제)	• 고졸 취업 문화인식 개선 • 고졸자 성공경로 다양화 • 숙련기술 우대 풍토 조성 • 재직자 재산 형성 지원	• 국가직무능력표준 개발 완료 • 중소기업취업촉진과 장기근속 유인 강화 (청년희망 키움통장 등)	• 소득자산 형성지원 (성과보상금, 청년 희망 키움 통장) • 산단입주기업문화 · 편의시설 지원 및 근무 환경 개선

[출처 : 허영준, "고졸취업 활성화 정책 진단", 『The HRD Review』 17권 4호., 한국직업능력개발원, 2014]

우수자원이 의대로 몰리는 까닭

구직난이 장기화됨에 따라 대학의 역할은 '학문의 전당'에서 점차 '취업을 위한 고등교육기관'으로 기능을 변화시킬 수밖에 없었다. 교육수혜자(소비자)인 학생의 취업교육 및 지원 요구가 점차 증가하였고 교육부는 대학을 평가하기 위한 지표로서 '취업률'을 반영하기 시작했기 때문이다. 이러한 사회적 환경의 변화에 따라 대학은 정통학문보다는 실용학문위주의 학제구성을 통해 입학자원을 모집하였다. 상경계열의 강세, 인문학과 예체능학문의 쇠퇴와 구조조정 등은 위와 같은 배경 아래 이루어졌다.

과거 우수한 입학자원의 경우 이를테면 서울대 이공계열 입학성적 우수자는 보통 물리학과, 컴퓨터공학과에 지원하고 인문계열은 법학과에 지원하는 것이 일반적이었다면 최근에는 의대와 치대가 압도적으로 강세를 이루고 있다. 통계자료에서도 의대 지원 경쟁률은 2010년 1:39에서 2012년 1:58.6까지 치솟는 것을 알 수가 있다. 물론 2013년부터 각 의대의 입학정원이 증가하여 경쟁률은 다소 감소하는 것처럼 보이나 일반적인 학과들에 비교할 수 없을 정도의 높은 경쟁률을 유지하고 있다.

의대 쏠림현상은 어제 오늘 일이 아니라 IMF 이후 2000년대부터 가속화되었으며 직업 선택을 위한 가치관이 어떠한 방향으로 변화하였는지를 단적으로 알 수 있는 사회현상이라고 할 수 있다.

[그림 1-5] 전국 의대 지원 증가 현상 분석 (단위 : 명)

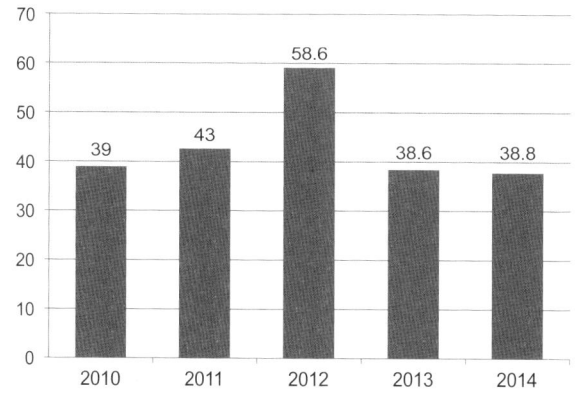

[출처 : Jay's 유학, "한국 의대 경쟁률 추이", 2015]

의대 쏠림현상은 단순히 개인의 선택으로만 볼 수 있는 문제가 아니다. 개인병원 폐원 수는 점차 증가하는 추세로 의대생이 선택하는 전공도 수입이 좋은 성형외과, 피부과, 치과 등이어서 특정분야에 우수한 인재들이 편중되는 것은 사회적 관점에서 볼 때 사회적 비용이 크다고 할 수 있다.

취업용 전공학위를 따로 준비하는 시대

실용학문에 대한 선호는 비단 '의대 쏠림현상'만 있는 것이 아니다. 대통령 직속 청년위원회가 2014년 10월 전국 대학교 3~4학년 재학생 783명(인문계 481명, 이공계 302명)을 대상으로 실시한 온라인 설문조사(신뢰도 95%, 표본오차 ±3.5%)에 따르면 '취업이 안 될까 봐 불안하다'는 응답은 인문계 대학생이 57.8%, 이공계 대학생은 39.4%로 나타났다.

전공과 관련에 '학과 수업이 진로결정에 도움이 되질 않는다'는 응답은 인문계 39.3%, 이공계 27.2%로 나타났다. 더불어 '전공과 관련된 직무에 취업할 가능성이 있다'라고 응답한 비율은 인문계는 32.5%에 그쳤지만, 이공계는 62.1%로 나타나 대조를 이루었다.

[그림 1-6] 복수전공의 필요성과 복수전공 취득 유무

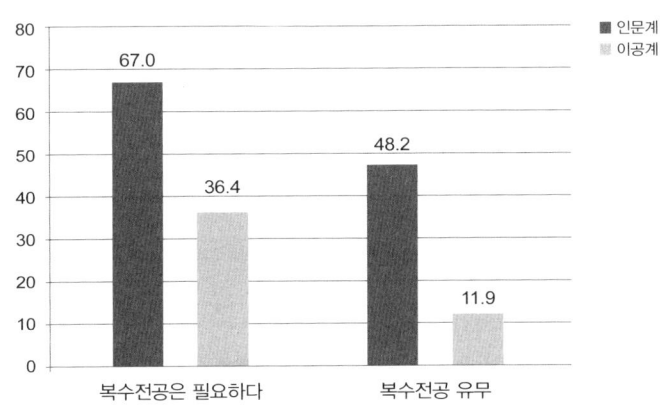

[출처 : 차현아, "인문계 전공 대학생 10명 중 6명 취업 안될까 불안해", 한국대학신문, 2014.11]

전반적으로 인문계 대학생은 취업에 대한 불안함, 전공의 진로결정 약화, 전공 관련 직무 취업에 대한 가능성 저조 등 전공을 통해 취업을 하겠다는 확신이 약하다는 것을 알 수가 있었다.

그래서인지 '취업을 위해 복수전공은 반드시 필요하다'라고 응답한 비율은 인문계 67%로 나타났으며 실제로 48.2%가 복수전공을 하고 있는 것으로 조사됐다.

이는 이공계가 응답한 36.4%, 실제 복수전공을 하고 있는 비율 11.9%와 비교한다면 매우 큰 차이를 보인다는 것을 알 수 있다. 이처럼 비교적 취업에 취약한 인문계 대학생들은 전공 선택에 있어서도 취업을 위한 실용학문을 선호한다는 것을 복수전공 관련 조사를 통해 나타났다.

이러한 현상은 특정 학위를 양산하는 결과를 낳게 되고 취업을 위한 활동이 오히려 취업시장에서 외면받는 효과로 이어지고 있다. 인문계열 대학생이 가장 많이 복수전공으로 택하고 있는 '경영학'은 취업시장 수요 이상으로 과도하게 공급이 증가하여 채용시장이 왜곡된 것이 1차적 원인으로 손꼽힌다. 2013년 한국교육개발원의 학과분류에 따르면 전국 4년제 대학교에서 경영학으로 분류되는 학과는 576개에 이른다. 2010년 이후 신설된 경영학 분류 전공만 디지털기술경영학과와 경영과학과 등 27개에 달하는 것으로 확인됐다.

국내의 한 대기업 인사 담당자는 "직무마다 원하는 전공자가 있는데 경영학과의 경우 지원자 수가 워낙 수요보다 많다 보니 경쟁률이 두드러져 보이는 경향이 있다"고 설명했다.

경영학이 변화하는 산업구조를 제대로 따라가지 못하는 것 때문이라는 분석도 제기된다. 이광석 인쿠르트 대표는 "산업계에서는 이공계열 소양을 가진 인재를 원하는데 대학에서는 경영학과 선호 현상이 수십 년째 진행됐다"며 "결국 산업계의 수요와 공급에 맞지 않게 책상(오피스)에서 일하는 인력들만 대거 양산한 상황이 오늘의 경영학과 취업난을 보여 준다"고 했다. 또 다른 전문가는 "이공계열에서는 아직도 인력을 찾기 힘들다는 이야기가 있어 대학 구조재편이 필요하다"며

"산업계에서는 조금이라도 다른 제품과 서비스로 경쟁하려는 상황에서 기술 없이 '책상물림'만 하려는 기존의 풍토가 수십 년간 이어진 게 문제"라는 분석도 내놓았다.

즉, 현재의 대학 인재육성 체계도는 산업의 교육수요를 뒷받침하기에는 역부족인 것이다. 따라서 대학들은 스스로의 자기점검 평가에서 산·학 연계 등의 성과를 보여줄 수 있는 대학구조개혁평가의 필요가 절실하다.

CHAPTER. 2

정부 정책의 변화

자율경쟁 구조에서
중앙조정 기능으로

변화의 물결 속으로

21세기 지식기반사회에 진입함에 따라 고등교육에 대한 관심이 높아지고, 학령인구 감소 등 대학을 둘러싼 주변 환경이 점차 변화함에 따라 대학 또한 변화의 바람을 맞고 있다. 또한 세계 주요 선진국들은 고등교육의 경쟁력 제고가 국가 경쟁력 향상에 직결된다는 생각을 고수하고 있다.

1983년 U.S News에 의해 미국 대학들의 경쟁력 순위가 발표된 이후, 국제화 시대가 도래함에 따라 대학 경쟁력 순위는 자연스럽게 세계무대로 관심이 모아졌다. IMD, The Times, 상해교통대학, News week 등에서 세계 대학 순위를 발표할 때마다 한국의 언론매체들은 우리나라 고등교육의 심각성을 알리는 보도를 해왔고, 정부가 추진하는 주요 고등교육 정책은 이러한 여론을 외면하지 못했다.[3] 전반적인

---

3) 신현석 외 5명, "고등교육 경쟁력 지표 개발 연구: 세계대학 경쟁력 지표의 비교 및 시사점", 한국인력개발학회, 2008

대학 위기의 시대가 도래하고, 세계 무대에서의 경쟁력을 평가받기 시작하면서 대학 스스로의 노력으로 체질개선과 경쟁력 강화라는 두 마리 토끼를 모두 잡기에 분명 한계가 존재했다.

이에 따라 정부는 대학의 자구적인 노력에 맡겨서는 위기를 헤쳐나갈 수 없다고 판단하여, 각 대학에 일정한 영향력을 행사하기 시작했다. 또한 교육부는 초·중·고등학교에 대한 영향력을 개별 교육감에게 돌리고, 실질적인 법안이나 지침으로 강력한 영향력을 행사할 수 있었던 대학에 대부분의 역량을 집중하게 된다.

정부 정책의 변천과정

70년대에는 점진적·자율적인 대학개혁에 대한 관심이 높았다. 그런 결과 졸업학점의 개편, 계열별 학생모집, 부전공·복수전공제를 실시하게 만드는 등의 성과를 이룬 '실험대학평가'를 시작으로 정부는 대학에 대한 간접적 지원 정책을 펼치게 되었다. 하지만 80년대 초 정원 정책, 학생지도, 입시제도의 문제가 불거졌으며 이에 대한 대응으로 대학 정원을 대폭 증원하게 된다. 이는 현재 고등교육 수준의 질적 하락의 근본적인 원인으로 작용하였다.

정부정책은 많은 시행착오를 겪은 후 1990년대에 이르러 대학교육협의회의 '대학평가인증제'를 실시하게 되었다. 이는 현 대학평가시스템의 기초가 되었다. 미국의 University Accreditation System을 기반으로 개발된 '대학평가인증제'는 교육 프로그램을 정비하고, 시설 및 인프라를 확충했으며, 대학 경영효율화 모델을 제시하는 등의 업적을 남

겼다. 또한 대학에 대한 평가를 통해 공적 인정을 부여하고, 대학 자체적 평가와 외부 동료평가를 병행 실시하여 사회적 인정을 보상하였는데, 이는 정부가 대학 평가 결과에 따라 재정지원을 해주는 우리나라 현 시스템의 초석이 된다.[4]

2000년 이후 IMF의 여파와 그동안의 양적 팽창으로 인한 교육의 질적 수준이 하락하면서 대학은 심각한 구조개혁 요구에 맞닥뜨리게 되고, 재정악화 상황에 직면하게 된다. 이에 따라 정부에서는 재정지원 제도를 구체화하여 대학 평가에 기반한 재정지원을 통해 우수대학들이 경쟁력을 확보하도록 유도하게 된다.

즉, 자율적 성장에 기반하였던 기존과는 달리 정부의 구체화된 개입이 시작되었던 것이다. 하지만 본래 취지와는 달리 지원을 받는 대학들은 크게 성장하지 못했으며 심지어 지방대학들의 도태화가 진행되었다. 당시 지방대학과 수도권 대학들의 격차는 상당했기 때문에 정부는 이에 대응을 하지 않을 수 없었다. 그리하여 시작된 것이 '누리사업'이다. 지방대학 육성정책의 초석인 누리사업은 현재의 많은 전문가들에게 실패된 사업으로 평가되고 있지만 정부의 지방대학 살리기 정책의 초석을 닦았고, 대학 평가의 과도기 시점에서 현재의 평가 체계를 확립할 수 있게 만든 징검다리 역할을 했다.

IMF 위기를 극복한 대한민국은 경제 규모의 팽창에도 불구하고 고등교육의 질적 수준이 미흡하다는 계속된 평가를 받고 있었다. 정부 주도의 정책으로 변모하는 과정에서 정부 의존도가 급격하게 높아져 자율적 역량을 향상시키고자 하는 노력이 줄어들었기 때문이다. 그렇

---

[4] 이화국, "대학평가인정제의 발전과 개선 방향 연구", 한국사학진흥재단, 2000

기 때문에 정부는 성과중심의 대학평가를 통한 재정지원으로 대학의 자율적인 노력을 통해 교육역량을 강화하도록 유도하는 '교육역량강화 지원사업'을 실시하게 된다. '교육역량강화 지원사업'은 2008년부터 2013년까지 진행된 사업으로 현재 진행하고 있는 대학 특성화사업과 학부교육 선진화 선도대학 지원(이하 ACE) 사업의 전신이며, 정부의 대학 재정지원에 대한 체계를 확립하고 재정지원제한 정책을 시행하게 된 계기가 된 사업이다.

교육역량 강화 사업은 평가 지표로서 오로지 정량지표만을 사용했다. 당시 정성평가는 평가위원 선정에 대한 애로사항이 많았으며, 객관성이 부족했기 때문이었다. 하지만 정량평가 또한 한계점을 지니고 있다. 정량지표는 각 지표별 일정 수준 이상을 달성해야만 높은 점수를 부여받기 때문에 모든 대학들은 해당 평가 지표만을 향상시키는 것에 대학의 모든 역량을 기울일 수밖에 없었다. 그리하여 정량지표 경쟁이 과열되었고, 효율적인 자원 활용이 어려워졌다. 모든 대학에 일괄적인 평가 지표를 제시하고 일정 수준 이상만을 내는 것을 강요하는 것은 단기적으로 대학 경쟁력을 향상시키는 것에 도움이 되겠지만, 장기적으로 본다면 대학이 해당 지표만을 위한 기관으로 전락해버릴 수 있다.

대학의 경쟁력 확보와 대한민국의 지속적인 교육 체계 확립을 위해 가장 중요한 것이 대학의 특성화임은 부인할 수 없는 사실이다. 하지만 단순 정량평가는 장기적으로 대학을 획일화시키고, 각 대학의 개성과 특성을 지표라는 틀 안에 억압하는데 일조한다.

정부의 '고등교육 정책' 방향

개요

박근혜 정부가 들어서면서 정부의 고등교육 정책은 진화를 거듭한다. 고등교육 정책의 기본은 이명박 정부 시절 확립되었던 대학 평가 지표를 통해 대학을 일정 기준에 의해 평가하고, 평가한 결과를 통해 재정지원제한 또는 재정지원을 시행하는 시스템을 유지했지만 창조 경제 사업을 필두로 대학 교육과 산업 시스템에 대한 재정비를 요구했다. 이에 따라 새로운 고등교육 정책의 틀을 마련하였다. 대학의 평가를 위해 사용되는 지표들은 때에 따라 심각한 오류를 범하기도 하고, 대학과 여론의 질타를 받는 등의 시행착오를 겪으며 서서히 진화하는 모습을 보였으며, 현 정부에 이르기까지 여러 정책이 변화함에 따라 해당 목표를 이루기 위해 다양화되고 있다. 하지만 그에 따른 공감대가 충분하게 형성되어 있지 않고, 평가 자체에 대한 필요성과 세부 평가 기준에 대한 논란이 끊임없이 가중되고 있다. 중요한 것은 대학의 평가 지표는 이제 대학경쟁력을 가늠하는 중요한 도구가 되었으며, 더 나아가 대학 인지도를 높이기 위해 각 대학의 지표 향상 노력은 계속될 것으로 보인다.

정부는 각 사업을 통해 대학에게 새로운 모습을 요구했다. 정부가 원하는 대학의 모습은 기본적으로 체질개선, 교육 잘하는 대학, 산학협력 잘하는 대학, 연구력이 높은 대학의 모습이다. 대학의 미래를 결정하는 가장 중요한 요소는 바로 특성화이다. 특성화사업은 정부가 시행하고 있는 사업 중 가장 중요한 사업으로, 정부는 대학에 대한 체질개선이 선택이 아닌 필수가 되어야 한다고 생각한다.

[그림 2-1] 정부 정책의 기본 방향

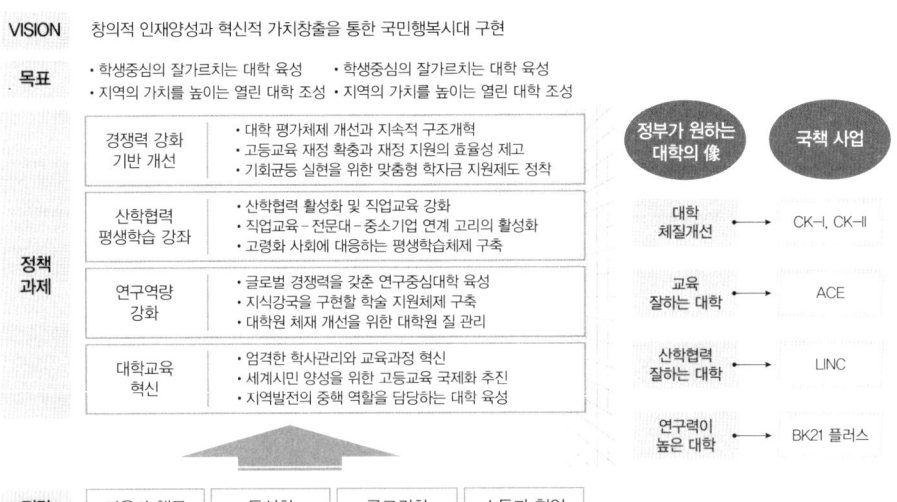

[출처 : 교육부, 「고등교육 종합발전 방안」, 2013. 09]

대학 평가 체제의 구축

 2008년 교육역량 강화 사업이 시행된 이후 정부의 재정지원사업은 활기를 띠게 된다. 대학 특성화사업, ACE사업, LINC사업, BK21 사업 등이 실행된다. 많은 재정지원 사업이 시행됨에 따라 평가지표 또한 다양화되는데, 모든 대학들의 형평성을 고려하고, 방대했던 지표평가를 핵심지표화하여 축소하는 등의 변화를 거듭한다. 재정지원 사업의 평가지표는 90년대 대학교육협의회에서 개발한 '대학평가인정제'의 평가지표를 응용하여 발전하게 되는데 지금의 사업들은 '대학평가인정제'의 방대한 평가지표를 부문별로 나누어 진행하는 모양새이다.

 재정지원사업과 더불어 대두된 것이 바로 재정지원제한 정책이다. 많은 자금을 투입한 만큼의 성과를 올리지 못한다는 비판이 팽배해지고, 무분별한 양적 팽창으로 인해 대학의 수가 학령인구를 초과하는 상황에서 정부는 평가를 통해 일부 미흡한 대학에 한하여 강제적인 재정위기를 부여하고, 점차 경쟁에서 도태될 수 있도록 하는 방안을 마련하게 되었다.

 재정지원제한 정책은 그동안 대학과 언론의 눈치를 받았던 정부가 첫 번째로 시행한 '채찍형' 고등교육 정책이라는 점에서 의미가 있다. 재정지원제한 정책은 현재의 구조개혁 정책으로 발전하였고, 정부는 모든 대학들의 존폐에 직접적으로 관여하게 된다.

[표2-1] 정부 재정 지원 사업 요약

사업	정량 지표	정성 지표
특성화 사업 (일반대학, 지방대학, 대학자율: 공학계열 부분만 발췌)	재학생 충원율	제도혁신 및 사업단 지원 계획 (대학 부문)
	전임교원확보율	특성화 분야 특성화 및 내실화 실적
	교육비 환원율	사업단 참여 인력 구성 등
	장학금 지급률	산학협력 실적
	등록금 부담 완화 지수	취·창업 지원 실적
	전임교원 강의 비율	사업단 비전과 특성화 계획
	재학생 취업률	교육과정 구성 및 운영 계획
	학사관리	학부생 양성 및 지원 계획
		학부교육 내실화 및 지원 인프라 계획
		지역사회 및 산업에 대한 기여도
		산학협력 계획
ACE 사업 (신규 진입 신청 대학 기준)	취업률	교양·전공·비교과 교육과정
	재학생 충원율	교육지원 시스템 구축 현황
	전임교원 확보율	전체 계획의 체계성
	전체 재학생 중 학부생 비율	교육과정 구성 및 운영 계획
	학사관리 및 교육과정 운영	교육지원 시스템 구축 및 개선 계획
	교육비 환원율	
	장학금 지급률	
	등록금 부담 완화지수	

LINC 사업	취업률	산학협력 중점교수 현황
	교수 1인당 특허(등록)건 수	산학협력단 내 정규직 및 전문인력 현황
	재학생 충원율	창업지원 현황
	교육비 환원율	대학-산업체 LINK 정도 (밀착도, 협력도, 만족도)
	교수 업적평가 및 승진 평가 시 산학협력 반영비율	산학협력선도모델 VISION
	공용장비 운영수익	산학협력선도모델 SYSTEM
	산업체 경력 전임교원 비율	산학협력선도모델 COMPONENT
	현장실습 이수학생 비율	산학협력선도모델 LINK
	산업체 공동연구 과제수 및 연구비	
	기술이전 계약 건수 및 수입료	

[출처 : 부록 참조, pp.229~231 & 교육부, 「지방대학 특성화사업 사업 설명회」, 2014.02]

[표2-2] 구조 개혁 평가 지표

항목	평가 지표	평가 요소
교육 여건 (18)	전임교원확보율(8)	-전임교원 확보율 (국공립/사립/국립대법인 구분 평가, 전임교원의 보수수준 고려) (최근 3년간 개선 정도 고려, 사립/국립대법인에만 해당)
	교사 확보율(5)	-교사 확보율
	교육비환원율(5)	-교육비환원율(국공립/사립/국립대법인 구분 평가) (최근 3년간 개선정도 고려)
학사 관리 (12)	수업 관리(8)	-전임교원 강의담당 비율(최근 3년간 개선 정도 고려) -강의 규모의 적절성(최근 3년간 개선 정도 고려) -시간강사의 보수수준(국립/공사립/국립대법인 구분 평가) (최근 3년간 개선정도 고려, 공·사립/국립대법인에만 해당) -수업관리의 엄정성
	학생 평가(4)	-엄정한 성적 부여를 위한 제도 운영
학생 지원 (15)	학생 학습역량 지원(5)	-학생 학습역량 지원 프로그램 구축·운영 여부 -관련 규정, 자원 확보 등 지원 -학생 학습역량 프로그램의 정량적, 정성적 실적 -환류시스템을 통한 프로그램 개선 실적
	진로 및 심리 상담 지원(3)	-진로 및 심리 상담 지원 프로그램 구축·운영 여부 -관련 규정, 자원 확보 등 지원 -진로 및 심리 상담 프로그램의 정량적, 정성적 실적 -환류시스템을 통한 프로그램 개선 실적
	장학금 지원(5)	-장학금 지급률(최근 3년간 개선 정도 고려)
	취·창업 지원(2)	-취·창업 지원 프로그램 구축·운영 여부 -관련 규정, 자원 확보 등 지원 -취·창업 지원 프로그램의 정량적, 정성적 실적 -환류시스템을 통한 프로그램 개선 실적

교육 성과 (15)	학생 충원율(8)	-신입생 충원율(수도권/비수도권 구분 평가) (최근 3년간 개선 정도 고려) -재학생 충원율(수도권/비수도권 구분 평가) (최근 3년간 개선 정도 고려)
	졸업생 취업률(5)	-졸업생 취업률(계열별·성비 고려/권역별 구분평가) (최근 2년간 개선 정도 고려)
	교육 수요자 만족도 관리(2)	-교육 수요자 만족도 관리 시스템 운영 -만족도 조사의 체계성 -만족도 조사 결과 분석의 합리성, 겨로가에 따른 교육 서비스 개선 노력의 구체성

[출처 : 교육부, 「2015년 대학 구조개혁평가 대학담당자 설명회 자료집」, 2015]

대학 구조개혁 평가는 향후 많은 논란이 예상되지만, 평가지표의 발전 측면에서는 가장 진보되어 있다. 각 정부사업에 따라 많은 시행착오를 겪고 충분히 진행된 시점에서 나온 지표일뿐더러 평가지표의 세부 산식 또한 여러 가지 형평성을 고려했다는 점에서 진일보했다고 평가할 수 있다.

평가 방식 또한 상대평가에서 절대평가로 진화하였고, 만점제를 통해 일정 수준 이상이 되면 더 이상 자원 투자를 하지 않아도 된다는 점에서 대학 경영의 효율성을 제고시킨 측면이 존재한다. 그동안 존재하지 않았던 정성평가의 세부 기준에서도 그 틀을 정립하고 앞으로 발전할 수 있는 기반을 마련했다는 점에서도 성과가 있다. 3주기에 걸친 대학 구조개혁 평가를 통해 향후 대학의 경영 성패가 결정되고 해당 평가 지표가 더욱이 중요해진 만큼 각 지표가 의미하는 바와 시사하는 점을 알아두어야 한다. 이에 따라, 각 대학 관계자들의 이해를 돕기 위해 세부 지표들에 대한 설명을 하고자 한다.

• 정성지표

정성지표는 그동안 배점을 정해두고 평가 위원들이 일괄적인 평가를 통해 채점을 진행해 왔던 기존 방식에서 벗어나 일정한 평가 기준을 정립하여 해당 평가 기준에 대한 부합 여부를 판단해 A, B, C, D, E 등급으로 나누어 결과를 산출한다. 애초에 정성평가는 총제적인 시스템과 개선을 위한 노력 등을 평가할 수 있는 장점이 있는 반면에 객관성을 담보할 수 없다는 단점이 있었지만 구조개혁 평가의 정성평가는 장점을 살리고 단점을 어느 정도 보완했다고 평가할 수 있다.

정량평가로 가려져 있던 대학의 실체에 현실적으로 접근하여 평가할 수 있도록 모든 대학들은 자체평가 보고서를 양식에 따라 작성하여 제출하고, 평가위원들은 정성평가 세부 하위 요소들에 관해 평가를 진행한 후 등급을 부여한다. 이러한 등급은 점수화하여 총점에 반영되게 된다. 평가에 대한 세부 항목을 자세하게 선정하여 평가위원들의 주관적 판단이 크지 않게 설계했으며 꼭 필요한 평가 항목만을 지침하였다. 이러한 노력에도 정성평가에는 평가위원들의 주관적 판단이 개입되곤 한다. 그만큼 정성평가의 객관성은 상황에 따라 다를 수 있다.

대학 구조개혁 평가에서는 해당 대학 고유의 시스템을 운영하여 설치하고 있는지 여부를 판단하고, 해당 프로그램의 지속적인 개선을 위한 노력과 시스템 운영 능력을 평가하는 방향으로 평가지표가 설계되어 있으며 이는 특성화사업의 평가 지표와 맞물려 있는 평가 항목이다. 정성평가 관련하여 세부적인 사항에 대해서는 평가 편람에 드러나 있기 때문에 세부적인 언급은 평가 편람을 참고하기 바란다.

• 전임교원 확보율

$$\frac{\text{전임교원 수(명)}}{\text{교원 법정정원(명)}}$$

전임교원 확보율은 대표적인 교육여건 평가 지표로 오래전 정부 사업부터 대학정보공시에 이르기까지 핵심지표로서 유지되어 왔다. 전임교원의 수를 교원 법정정원으로 나누는 산식으로 전임교원의 수는 학부 및 대학원을 모두 포함하며, 교원 법정정원은 재학생 기준과 편제정원 기준 중 큰 수를 사용하도록 되어 있다.

우수한 전임교원이 많을수록 교육의 질이 향상되고 교수 1인당 지도하는 학생이 적을수록 교육 품질과 학생 만족도가 향상된다고 보는 취지이다. 전임교원 확보율을 향상시키기 위해 가장 좋은 방법은 전임교원을 채용하는 것이다. 하지만 이는 비용이 많이 들어가기 때문에 재정상황이 좋지 못한 대학에게는 불리하게 작용할 수 있다. 따라서 일부 대학들에서는 교수의 질적 수준을 고려하지 않고, 상대적으로 적은 임금의 전임교원을 다수 채용하는 일종의 편법을 자행하였다. 이에 정부는 구조개혁 평가에 전임교원 보수수준을 따로 평가하기 시작하였다.

정부는 각 대학의 전임교원 보수 분포를 고려하여 지나치게 낮은 보수를 받는 전임교원의 수를 확인하고, 해당 원칙 및 사유를 점검하여 편법적으로 채용하였는지에 대한 여부를 정성적으로 평가하여 총점에 감점을 부여한다. 더 이상 질적 수준을 고려하지 않은 채용을 할 수 없게 된 것이다. 이에 따라 재정상황이 녹록지 못한 대학들은 분모인 법정정원을 조정하는 것이 전임교원 확보율을 향상시키기 위한 방법이 될 수 있다. 교원 법정정원은 계열별 재학생과 편제정원 20~25명당 교원 1명을 산출하는 방식으로 정해진다. 높은 비용의 부담으로 인해 전임교원을 확보하기 위한 방안이 없다면, 정부의 구조개혁 정책에 선제적으로 대응하여 편제정원과 재학생을 점차 줄여 전임교원 확보율을 향상시킬 수 있다는 뜻이다. 이미 특성화사업과 재정지원제한 평가를 통해 선제적인 구조개혁을 단행한 대학들은 향후 전임교원 확보율이 일정 수준 향상될 것이다.

- 교사 확보율

$$\frac{기본시설(㎡) + 지원시설(㎡) + 연구시설(㎡)}{기준면적(㎡)}$$

교사 확보율은 학생 수요에 따른 대학의 하드웨어 측면을 살펴보는 지표로서 교육 여건인 시설 및 인프라를 잘 갖추었는지를 평가하는 지표이다. '대학평가인증제'에서 그 기틀을 다졌으며 현재 대학 구조개혁 평가에서는 기관평가인증 지표를 인용해 사용하고 있다. 교사 확보율은 대학 설립 초창기 부지를 확보하지 못한 대학일수록 불이익을 받는다. 대학이 많이 설립되던 당시에는 교사 확보율이 중요하지 않은 지표였지만 시간이 흐르고 현재에 이르러 교육 수요자의 만족도가 중시됨에 따라 교육을 실행하는 실질적인 시설이 충분히 확보되었는지가 중요해졌다.

교사 확보율에서의 분모인 기준면적은 교원확보율의 법정정원처럼 쉽게 조정할 수 있는 지표가 아니다. 왜냐하면 입학정원을 4개의 구간으로 설정하여 각 구간별로 기준 면적을 정하고 있기 때문이다. 쉽게 말하면 기준 면적을 낮추기 위해서는 1개의 구간만큼의 입학정원을 낮춰야 한다. 결국 교사 확보율을 향상시키기 위해서는 어쩔 수 없이 많은 비용을 들여 기본시설, 지원시설, 연구시설을 보충하여야 하는데, 기본시설은 강의실 · 실험 실습실 · 행정실 · 도서관 등이 있고, 지원시설은 체육관 · 강당 · 실습공장 · 학생 기숙사 등이 있다. 연구시설은 대학원 실험실 · 대학부설연구소 등이 있다. 시설 확충은 많은 비용을 부담해야 만큼 어려운 측면이 존재하지만 교사 확보율은 100%만 넘으면 만점을 받을 수 있기 때문에 100%까지의 투자만 실행하면 된다. 하지만 100%를 달성하는 것 또한 쉽지 않은 몇몇 지방대학들은 100%달성을 포기하기도 한다. 하지만 확실히 하여야 할 것은 만점을 받지 못한 정량지표는 상대적으로 큰 손해를 보게 된다는 것이다. 특히 정량평가의 변별력이 줄어든 대학 구조개혁 평가에서는 작은 점수라도 큰 차이의 결과를 낳게 된다. 교사 확보율은 2014년 현재 4년제 사립대학 중 100%를 채우지 못한 대학이 약 30개 대학이 존재하였고, 2015년에는 10개만이 존재할 것이라고 예측됨에 따라 정량평가에서 중요한 지표로 자리매김하고 있다.

• 교육비 환원율

(사립대)

$$\frac{\text{교비 회계상교육비 + 산학협력단 회계상교육비 + 도서 구입비 + 기계기구 매입비(5년 평균) + 건축비(5년 평균)}}{\text{학부와 대학원의 등록금 수입 (계절학기 및 단기수강료 수입제외)}}$$

(국·공립대)

$$\frac{\text{일반회계상 + 기성회계상 + 발전기금회계 + 산학협력단회계 + 도서구입비 + 기계기구 매입비(3년평균)}}{\text{학부와 대학원의 등록금 수입 (계절학기 및 단기수강료 수입제외)}}$$

교육비 환원율은 사립대 및 국·공립대의 교육비 산정 근거가 회계상으로 다르기 때문에 산식이 구별된다. 하지만 등록금수입 총액 중 학생 교육을 위해 환원한 비용이 높아야 한다는 취지는 같다. 이전까지의 교육비 환원율은 대학알리미 정보공시 상의 산식으로 간편하게 구하였던 반면에 시간이 흐를수록 교육비 안에 건축비와 도서구입비, 기계기구 매입비와 같은 항목들이 추가되었다.

현재 교육비 환원율 지표는 배점이 높을 뿐더러 교육여건을 가늠하는 지표로 사용되어 그 중요성이 높은 지표인 반면, 향상시키기 어려운 지표 중 하나이다. 비슷한 재정 지표인 장학금 지급률은 적은 금액을 투입하여도 지표가 큰 폭으로 향상되지만, 교육비 환원율은 워낙 큰 금액으로 산정되기 때문에 적은 금액으로는 쉽사리 향상시키기 어렵다. 하지만 교사를 확충하고, 전임교원을 채용하고, 장학금을 지급하는 등 타 지표를 향상시키기 위해 사용되는 모든 비용은 교육비 환원율 향상에 영향을 준다.

교육비로 환원할 재원을 마련하는 것 또한 어려운 부분이다. 모든 대학들은 등록금수입보다 더 많은 금액을 교육비로 투자하고 있으며 (평균이 100%를 훨씬 웃돈다) 재원을 확보하는 것은 법인의 능력에 따라 다르다. 병원을 소유하거나 재원 확보 방법이 확실한 대학은 지표가 높은 반면에 일반 대학들은 재원 확보가 녹록지 않다. 그나마 가장 확실한 방법은 각종 재정지원을 수혜 받는 것이다. 무엇이 먼저인지는 확실하지 않지만, 확실한 것은 재정의 선순환 구조를 만들어야 한다는 사실이다.

• 전임교원 강의담당 비율

$$\frac{\text{전임교원 강의담당 학점(학점)}}{\text{총 개설강의 학점(학점)}}$$

전임교원 강의담당 비율은 '교육역량강화 지원 사업'부터 교육의 질적 측면 향상을 위한 핵심지표로 사용되었다. 정부는 시간강사와 비전임 교원들의 강의가 줄어들고, 상대적으로 책임감 있는 전임교원들의 강의학점이 높아질수록 학생들의 만족도와 교육의 질이 향상된다고 여겼기 때문이다.

대부분의 대학 관계자들은 이 지표가 전임교원이 생산성을 저해시키면서까지 많은 강의를 해야만 향상된다고 생각한다. 하지만 전임교원 강의담당 비율이 실제로 대학에 요구하고 있는 것은 바로 시간강사와 비전임 교원의 강의 학점을 줄이는 것이다. 시간강사와 비전임 교원이 상대적으로 책임감이 덜하다는 인식하에 비전임 교원과 시간강사의 처우 문제와는 별개로, 그들이 담당하는 교육학점의 축소를 요구하고 있는 것이다.

즉, 비전임 교원과 시간강사의 감축을 통해 교원들의 질적 향상을 도모한다는 것이다. 전임교원들이 많은 시수를 교육함으로써 생기는 부담 때문에 오히려 질적 향상을 해칠 수 있다는 생각이 들겠지만 이는 전임교원을 추가적으로 채용함으로써 해결할 수 있다. 전임교원 확보율과 동일한 개념의 지표인 것이다. 결국, 전임교원 강의담당 비율의 향상을 위해서는 기존에 비전임 교원과 시간강사가 담당했던 학점을 적은 수의 전임교원이 많은 시수를 담당하여 강의하거나, 전임교원을 더욱 뽑아 대체하는 방법이 있는 것이다.

- 강의규모의 적절성 지수

$0.4 \times$ (20명 이하 규모 강의비율) $+ 0.3 \times$ (21~50명 규모 강의비율) $+ 0.2 \times$ (51~100명 규모 강의비율) $+ 0.1 \times$ (101~200명 강의비율)

전임교원 확보율과 전임교원 강의담당 비율과 마찬가지로 교육의 질에 관련한 지표이다. 강의규모가 작을수록 교육의 질적 수준이 높아진다는 취지로써 사용된다. 하지만 소규모 강의를 많이 개설하는 것은 전임교원 강의담당 비율을 낮아지게 만드는 측면이 존재한다. 왜냐하면 소규모 강의를 전임교원이 담당하기에는 생산성과 효율성 측면에서 많은 부담이 생기기 때문이다. 그것을 감당하고서라도 소규모 강의를 전임교원이 담당하게 한다면 전임교원의 피로도는 쌓이겠지만 지표를 향상시킬 수 있다. 물론 부담을 해소하기 위하여 전임교원을 추가로 확보하여 담당케 하는 것 또한 방법이다. 대학의 취업률이 중요해짐에 따라 현장실습과 같은 실무중심 교육을 강조되고 있다. 강의에 많은 부분을 산업체에서 담당하는 인턴십, 캡스톤디자인 등의 실무중심 교육은 큰 규모의 강의에서 이루어지기 쉽지 않은 측면이 존재한다. 이러한 맥락에서도 실무 중심 교육을 소규모 강의로 배치하여 지표향상을 도모해야 하는 이유이다.

- 시간강사의 보수수준

(공립대, 사립대, 국립대 법인)

$$\sum \frac{지급단가 \times 지급단가별\ 인원\ 수}{시간강사\ 총\ 인원}$$

(국립대)

$$\sum \left[\left(1 - \frac{지급단가}{기준단가}\right) \times 해당단가\ 적용시간\ 강사\ 비율 \right]$$

보통 대학은 시간강사별 지급단가가 다르게 운영되고 있다. 그렇기 때문에 시간강사 전체 단가별 지급액과 총인원을 나누어서 전체 합산을 실시한다. 세부 산식은 매우 복잡하지만 결국 시간강사를 위해 비용을 많이 지불하는 대학일수록 높은 점수를 받게 된다. 위의 전임교원 강의담당 비율과 연계하여 생각해보면 지급단가가 낮은 시간강사는 과감하게 축소하고, 지급단가가 높은 시간강사를 소수로 운영하는 것이 효율적이다.

  현재 대학들은 시간강사 보수수준을 높이기 위해 보유하고 있는 시간강사의 보수를 모두 한꺼번에 올리는 방법만을 생각하지만 그것은 비용적으로 낭비가 될 뿐만 아니라 전임교원 강의 담당 비율을 고려하지 않은 행동이다. 지급단가가 높은 시간강사를 추가로 선발하지 않더라도 지급단가가 낮은 시간강사 인원을 축소한다면 시간강사 보수수준 지표는 향상하게 될 것이다.

- 장학금 지급률

학부의 교내 장학금 + 학부의 교외 장학금(사설 및 기타)
학부의 등록금 수입액(천원)

  장학금 지급률은 교육비 환원율과 더불어 재정 환원 지표로서 대학 구조개혁 평가에서는 학부의 등록금 수입 대비 장학금 지급액을 산식으로 사용하고 있다. 장학금 지급률은 학생들의 관심이 가장 많은 지표이다. 장학금 지급률을 높이기 위해서는 교내장학금을 높이는 것이 최선의 방법이지만 이 역시 재원의 조달 문제가 발생한다. 교육비 환원율에서 설명한 바와 마찬가지로 재정의 선순환구조를 형성하는 것이 중요하다.

사설 및 기타 부문으로 분류되어 있는 교외 장학금을 확충하는 것 또한 좋은 방법이다. 사설 및 기타 기관의 교외 장학금을 확충하기 위해서는 좋은 관계의 산업체와 협력기관을 유지하여야 하는데 이는 우수한 산학협력을 실행할 수 있는 기틀이 되기도 한다.

이외에 장학금 지급률에서 중요한 점은 교육의 질과 학생 역량강화에 대한 정성평가를 시행하고 있다는 점이다. 몇몇 대학은 모든 학생들에게 장학금을 획일적으로 지급함으로써 장학금 지급률의 향상을 도모하지만 이는 질적 수준의 저하를 가져오는 결과를 초래한다. 일괄 지급은 장학금의 명분을 떨어뜨리고, 학생들의 역량강화를 위한 충분한 동기가 형성되지 않는다. 장학금 지급률 과열 경쟁으로 인해 전체 대학 평균이 급속도로 상승하고 있는 만큼, 향후 관련 장학금의 질적 수준에 대한 평가가 강조될 것이다. 그리하여 앞으로 획일적 장학금 지급이 아닌 세부 교육 프로그램과 연계한 장학금을 다수 운영하여 장학금을 지급하는 것이 장학금의 질적 수준 향상을 위해 바람직하다.

- 학생 충원율

(신입생 충원율)

정원 내 입학자 + 야간학과 입학자
정원 내 모집인원 − 야간학과 모집인원

(재학생 충원율)

```
    정원 내 재학생 수 − 야간학과 재학생 수
    ─────────────────────────────────────
    편제정원 − 학생모집 정지인원 − 야간학과 정원
```

학생 충원율은 대학의 현 운영 상태와 앞으로의 발전 가능성을 선제적으로 판단하기에 적합한 지표로서 많은 의미를 담고 있다. 충원율을 산출하는 산식은 현재 정원 내 학생으로만 산식을 구성하고 있다. 이전까지는 정원 외 학생들의 충원율을 포함하여 산식을 구성하였지만 계약학과, 야간모집 등에서 산출 결과가 편향될 수 있다는 점에서 정원 내 충원율만 사용하는 것으로 수정되었다. 이제 정원 외 학생들을 아무리 많이 선발해도 학생 충원율 지표에는 영향이 없다. 하지만 재정적인 도움에 있어서 정원 외 모집을 하지 않을 수도 없다.

학생 충원율을 향상시키기 위해 가장 중요한 것은 적정점을 찾는 것이다. 대학 재정을 유지할 수 있을 정도의 재학생 및 입학생 수를 매년 정해 놓고, 그 이하의 입학정원을 구성하지 않는 것이 중요하다. 만약 적정 수준의 재정을 유지하고도 남는 입학정원을 구성하고 있다면 입학정원을 축소하여 정부 구조개혁 정책에 대응하고, 지표향상을 도모할 수 있다. 충원율은 100%를 넘을 수 없는 지표로서 100% 한계에 맞추어 목표치를 설정하여야 한다.

재학생충원율과 신입생 충원율은 그 대학의 인기와 향후 재정안정을 가늠해 볼 수 있고, 정부 정책 또한 학생 충원율이 이후 급격한 하락을 보일 것이라는 예상에서부터 출발하는 만큼 중요한 지표로서 자리매김하고 있다. 충원율이 떨어진 대학은 엄청난 위기에 봉착해 있는 것이며 상황을 타개하기 위한 대책을 하루 빨리 마련해야 할 것이다.

• 취업률

$$(0.5 \times 12.31\text{일자 건보 및 국세DB 연계 취업률})$$
$$+$$
$$(0.5 \times 6.1\text{일자 건보가입 취업자의 2차 유지 취업률})$$

취업률 지표는 진행되고 있는 평가 지표들 중에 가장 논란이 많이 되었던 지표이다. 취업자들을 산출하기 위한 방법에서부터 취업률을 부풀렸던 대학들의 편법을 막기 위한 방법까지 그 산식의 변화가 잦았다. 현재 구조개혁 평가에서의 취업률은 건보 및 국세 DB를 연계하여 취업률을 산출하고, 취업의 질을 평가하기 위해 취업자가 계속 취업을 유지한 상태를 살펴보기 위한 유지취업률을 산식에 반영하여 산출한다.

현재 유지취업률은 건보DB에 의거하여 획일적인 방법으로 구해지고 있고, 건보DB에 잡히지 않거나 일부 특수 직업군에 대한 유지취업이 반영되지 않는다는 점에서 앞으로 논의가 더욱 필요할 것으로 보인다. 그에 따라 유지취업률 지표는 향후 산식이 변동될 확률이 높다. 그러나 이번 평가에서 처음으로 도입한 계열별, 성별 취업률을 따로 구하여 합산하는 방식은 그동안 인문 및 예체능 계열과 여자대학교에서 상대적으로 불리했던 취업률 평가를 많이 완화하였다. 이러한 방식은 이후에도 꾸준히 유지할 것으로 보인다.

현재 정부는 학생들의 취업률 향상을 위해 대학의 역할을 강조하고 있다. 하지만 많은 대학관계자들은 이러한 정부의 행태에 반대하는 입장을 고수하고 있다. 그러므로 향후 정부의 정책이 변화하고 정권이 바뀌는 것에 따라 취업률의 배점과 지표의 의미가 많이 바뀌겠지만, 교육수요자들이 학문의 습득보다 취업역량의 향상을 위해 대학에 입학한다는 것은 사실이 변하지 않는 만큼 중요한 지표임에는 틀림없다.

대학 기능의 재편 - 산학협력의 중요싱 대두

정부는 학생들의 졸업 후 취업 문제를 해결하기 위한 대학의 노력을 강조하고 있다. 또한 취업문제 해결과는 별도로 대학 고유의 연구 역량 강화를 통해 창조경제에 기여하길 바라고 있다. 특성화사업에서 보다시피 산학협력은 대학의 경쟁력을 평가하는데 있어서 중요한 평가요소로 자리매김하고 있다. 산업사회에서 지식정보화 사회로 사회경제 패러다임이 변화하면서 지식의 창조 및 활용이 생산요소 중 중요한 역할로 작용하는 시대가 되었다. 지식기반사회에서의 원천기술과 지식은 대학교육을 통해 많은 부분이 창출되기 때문에 대학은 교육, 연구, 봉사의 주요기능과 더불어 산학협력이 중요한 역할로 인식되고 있는 추세이다.

우리나라의 산학협력은 1960년대 정부가 국가 경제발전을 위한 과학기술의 중요성을 인식함에 따라, 한국과학기술연구소(KIST) 및 과학기술부 설립 등의 인프라 구축을 추진하면서 시작되었다. 1980년대 산업계의 연구역량이 대폭 확대되면서 국가연구 개발 사업을 통한 정부

주도의 산학협력이 추진되었으며, 1990년대부터는 기초연구의 중요성이 부각됨에 따라 대학에 대한 연구 지원이 확대되었고, 우수연구센터를 보급함으로써 대학의 연구개발 능력이 급격히 향상되었다. 이에 우수한 과학 기술력을 확보하고 있는 대학의 사회적 기여에 대한 요구가 크게 증대되면서 산학협력의 핵심 주체로서 대학의 역할이 더욱 강조되었다.

2000년대에 들어서는 지역을 중심으로 한 혁신클러스터 구축의 효율적 수단으로 산학협력의 필요성이 증대되었고, 최근에는 정부의 창조경제를 실현하기 위한 기본 교육기관으로서의 대학의 역할이 강조되고 있는 상황에 따라 대학 기능은 점차 산학협력을 통한 기술이전 및 연구 역량 강화에 초점이 맞춰지고 있다.

정부의 '채찍형' 고등교육 정책

재정지원제한 평가

　정부의 각종 재정지원 사업은 막대한 정부재정을 쏟아 부었던 것에 반해, 그 실적은 미미하다는 평가를 받고 있다. 국가경쟁력과 직결되는 교육의 질적 측면은 크게 향상되지 못하였으며, 대학 간 격차는 양극화되고, 교육수요자들의 불만은 날이 갈수록 증가되었다. 또한 학령인구 감소에 따른 위협이 심화되었고, 대학 경영의 체질 개선이 필요하게 되었다. 이에 따라 정부는 지원형 정책과 더불어 지원제한을 통해 자연적인 미흡 대학의 퇴출을 유도하고자 했다. 이른바 채찍형 정책의 등장이다. 정부의 채찍형 정책의 시작이라고 할 수 있는 재정지원제한 평가는 학령인구의 급격한 감소에 대비하고 상시적인 대학 교육의 질 관리 체계 구축을 위해 도입되었다. 2011년부터 매년 객관적인 평가를 통해 정부의 재정지원을 제한하고, 학자금대출을 제한하여 경영부실 대학 퇴출을 위한 기틀을 마련했다. 또한 대학의 자율적 구조개혁을 유도하고 자체 투자를 활성화 시키는 성과를 이루고자 했다. 2015년부터는 대학 구조개혁에 직접 개입하기 위해 대학 구조개혁 평가를 도입하였고, 이는 정부 재정지원제한 평가의 연장선이라고 볼 수 있다.

정부재정지원 제한 평가는 대학별 공시자료를 기초로 산출한 지표별 T점수를 합산, 총점을 기준으로 하위 15% 내외를 선정하는 방식으로 '교육역량 강화사업'과 같이 100% 정량 지표로 구성되어 있다. 설립목적, 지역, 본교·분교를 분리하여 평가를 진행하였고, 특정 지역 학생에게 과도한 불이익이 발생하지 않도록 지역별로 정부재정지원제한 대학에 포함된 재학생 수가 해당 지역 전체 재학생 수의 30% 이상이 되지 않도록 상한 기준을 적용하게 되어 있다. 학자금 대출에 대한 제한은 절대평가를 실시하여 후보군 중 절대평가 지표 2개 이상 미충족 시 '제한대출 대학'으로 선정되고, 4개 모두 미충족 시 '최소대출 대학'으로 선정되게 되어 있다.

구조개혁 평가의 등장

재정지원제한 평가의 많은 문제점이 대두하고, 학령인구 감소가 현실화 되자 정부는 재정지원제한 평가를 보완한 구조개혁 평가(안)를 선보이게 되었다. 구조개혁 평가는 교육여건, 학사관리, 학생지원, 교육성과, 중장기발전계획, 교육과정, 특성화 등을 평가하고 대학의 특성 및 여건을 고려한 대학과 전문대를 구분하여 평가하도록 했다.

지표 특성에 따라 소재지, 설립유형, 지역, 권역 등으로 구분하여 평가하도록 하였으며, 정량지표는 절대평가 방식을 도입하여 대학 간 소모적 경쟁에서 탈피하도록 했다. 또한 최근 3년간의 자료를 활용하여 대학의 지속적 노력을 평가토록 했으며, 정량적 요소로 파악하기 어려운 요소에 대해서는 정성평가를 실시하여 대학의 교육 질 제고 노력 등을 평가하도록 했다. 구조개혁 평가의 기본 방법은 다음과 같다.

[그림 2-2] 구조개혁 평가 체계

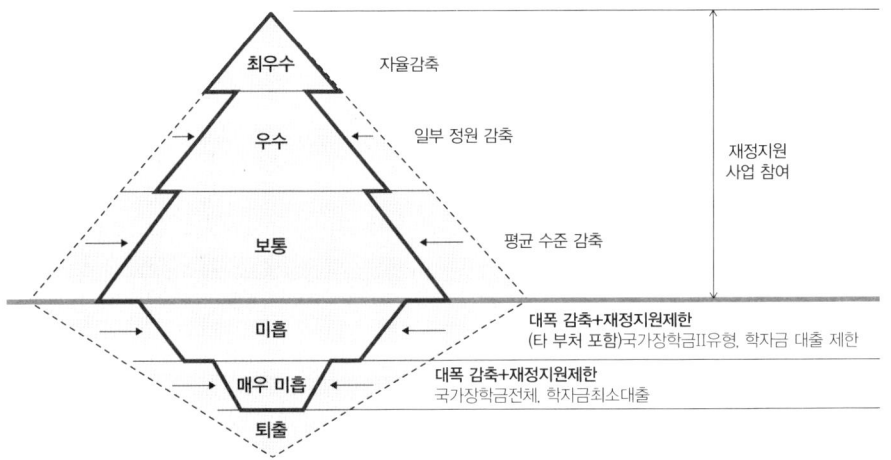

[출처 : 교육부, 「박근혜 정부의 고등교육 정책 방향」, 2013. 12]

개략적인 평가 방법은 재정지원 사업 참여 대학을 상위 3단계 대학들로만 구성하고, 보통 이하 대학에 대해서는 재정지원 제한 및 학자금 대출 제한 등의 불이익을 받게 한다는 내용이다. 1차 평가를 통해 A, B, C 등급의 대학을 선정하고 2차 평가를 통해 A, B, C, D, E 등급의 대학을 확정하는 방식이다. 대학의 서열화를 넘어서 계급화의 시대가 직접적으로 도래한 것이다.

정부는 일정 등급을 받지 못한 대학들의 정원을 일률적으로 조정하기 위해서 정원조정의 강제성을 부여하는 법적 근거인 '대학 평가 및 구조개혁에 관한 법률안'(이하 '구조개혁 법안'이라 함)을 제정한다. 해당 법안의 주요 내용은 대학평가와 구조개혁을 위한 법적 근거를 마련하고, 정원감축에 따른 재산 및 회계 특례, 법인해산 및 대학폐지에 따른 잔여재산처분 특례 등이 있다.

현재 구조개혁 법안은 국회에 상정 중이며, 통과에 난항을 겪을 것으로 예상한다. 왜냐하면 구조개혁 반대의 목소리가 점차 거세지고 있기 때문이다. 구조개혁 법안에 반대하는 주된 이슈는 이 같은 사립대학 퇴출을 위한 방안은 사립대학 부정, 부실 운영의 책임이 있는 설립 및 운영자에게 면죄부를 주게 될 것이라는 것이다. 또한 퇴출 대상 대학이 학생이 내는 등록금을 잔여재산 처리하여 일정 기관에 귀속시킨다는 것은 대학 퇴출에 대한 피해를 각 대학 구성원들에게 전가하는 문제가 발생 된다는 것이다. 이에 따라 구조개혁 법안의 통과는 매우 어렵다고 예상된다. 물론 구조개혁의 필요성과 방법은 향후 계속된 논의가 필요하겠지만 현재 대학 전반의 구조개혁 분위기는 아직 평온한 상태이다.

정부의 '당근형' 고등교육 정책

재정지원 수혜 : 모든 대학의 실질적인 목표

정부는 대학 경쟁력 강화를 위해 대학 평가체계를 개선하고 지속적인 구조개혁의 틀을 마련하였다. 또한 그동안 문제점으로 대두되었던 대학 교육의 질적 수준을 제고하기 위해 교육 잘하는 대학을 선별하여 지원을 해주고 있다. 이는 특성화사업 및 ACE사업과 맥락을 같이하는데 정부 재정지원을 수주하려면 대학 자체적인 교육의 질적 수준 향상을 위한 노력을 필수로 해야 한다.

정부는 또한 청년실업 문제 해결에 대한 대학의 노력을 강조하는데 이는 산학협력 역량의 강화를 요구하는 모습으로 나타난다. 대학은 청년들의 취업을 책임져야 하며 그 방법을 산학협력에서 찾아야 한다는 생각이다. 또한 고령화 사회에 대응하는 평생학습체제를 구축하기 바라며, 직업교육 및 실무중심 교육의 강화를 요구한다. 정부는 대학에 지원을 해준다는 명분으로 대학에게 경쟁력 강화를 요구하며 대학 교육의 혁신을 원한다. 정부 정책에 많은 의존을 가지고 있는 대학들은 정부가 원하는 대학의 모습을 따라갈 수밖에 없다. 그런 이유에서 정부 재정지원을 수주하는 것이 많은 대학의 실질적의 목표가 되고 있는 실정이다.

잘 가르치는 대학 'ACE사업'

ACE사업은 떨어진 학부교육의 질과 현장 적합도가 낮은 대졸 취업자들의 문제점을 해결하고자 다양한 학부교육 선진 모델을 창출하고, 특색과 경쟁력을 갖춘 선도대학을 중점 지원하려는 정부의 의도로 만들어진 대학 지원 사업이다. 2008년 교육역량 강화사업에서부터 시작되어 2010년 ACE사업으로 전환하고, 현재까지 진행되고 있는 사업이다. ACE사업은 대학의 건학이념, 비전 및 인재상 등을 구현하는 선도적 대학을 선별하고, '잘 가르치는 대학'을 목표로 대학의 자발적 교육과정 혁신 노력을 지원하여 대학의 교육목표 실현을 위한 교육지원 시스템을 총체적으로 개선한다. 또한 교양 기초교육 강화를 통해 대학 자체적인 핵심역량의 향상을 유도한다. ACE사업은 선정평가단의 서면평가, 현장평가결과를 바탕으로 사업관리위원회의 최종심의를 거쳐 지원 대학을 선정하고 대학별 지원금을 최종 확정하는 방식으로 진행되는데 신규진입대학은 정량평가를 30점을 반영하고, 사업계획서의 정성평가를 70점을 반영한다. 이는 정량평가를 가장 기본적인 지표들로 하여 30점으로 제한하고 사업계획서를 정성 평가하는 것의 비중을 높였는데 70점의 정성평가 중 현장평가도 배점을 차지하고 있다.

정부가 원하는 대학의 참 모습 '대학 특성화사업'

대학 특성화는 학령인구의 감소에 따른 입학자원의 질적 수준 하락과 정부가 지역 산업과의 연계를 강화하도록 요구함에 따라 신설된 정부 재정지원사업이다. 국가 산업 차원에서 산업이 요구하는 인재상과 대졸인력의 양적·질적 불일치를 해소하기 위해 타 대학과 구별하여 경쟁력 있고, 차별화된 졸업생을 사회에 제공함으로써 장기적 대학 평판과 경쟁력을 높이도록 유도한다.

특성화사업의 재정지원 수주를 위해 고려해야 할 사항으로 첫 번째는 대학 발전 전략과의 연계가 필요하다. 대학 발전 전략에 따라 특성화 Vision 및 목표를 설정하고, 발전 전략에 부합하는 특성화 Concept을 설정해야 한다. 두 번째는 대학 특성을 반영한 전략을 수립해야 한다. 대학의 건학이념과 설립취지에 입각한 특성화 전략을 구성하여야 하며, 해당 대학의 유형과 고유 목적에 따라 인재상을 설정해야 한다. 세 번째는 특성화 분야를 선정하도록 하는 기준을 마련해야 한다. 객관적이고, 구성원 모두 공감이 가능하며, 산업, 정책, 지표, 잠재력 등을 고려하여 선정해야 한다. 마지막으로 타 대학과 차별화된 특성화 Concept을 설정해야 한다. 경쟁력, 실적, 지역사회 연계 등을 고려하여 우리 대학만의 특화된 사업단을 구성하여야 한다.

특성화 Concept을 구성하기 위해서는 일차적으로 향후 전국단위에서 최고 수준에 도달할 가능성이 있는 분야를 고려하고, 미래 유망 산업 중 지역 정책과 산업 내부 역량에 부합하는 분야로 선정해야 한다. 특성화사업을 실행하기 위해 대학의 정체성을 대변하는 특성화 Concept의 설정은 매우 중요하게 고려해야 할 사항이다. 특성화에 대한 자세한 설명은 2부에서 심화하여 다루어 보기로 하겠다.

[그림 2-3] 2014년 특성화사업 평가 지표(국가지원 유형만 발췌)

대학 기본여건 및 향후계획 평가지표(안) - 30점

1. 기본 여건 - 15점
- 재학생 충원율
- 전임교원확보율
- 교육비 환원율
- 장학금 지급률
- 등록금 부담 완화 지수
- 학사관리 및 교육과정 운영
- 교수학습 지원 및 학생 지원 실적

3. 제도혁신 및 사업단 지원계획 -15점
- 대학의 목표와 비전
  - 대학이 비전과 전략 및 특성화 계획
  - 사업단 선정 및 지원·육성 계획과 대학전체 특성화 계획과의 정합성
- 학부교육 내실화를 위한 대학의 계획
  - 학부교육 내실화 및 체계적 학사관리
  - 교수학습 지원 및 학생 지원 계획
  - 학부교육 여건 개선을 위한 계획
- 2대학 전체의 시스템 개혁 방안
  - 학부교육 특성화를 위한 학사구조 개편 및 구조개혁 등 실적(최근 3년)
  - 대학 전체 구조개혁의 정합성 (학과통폐합 포함)
  - 대학의 거버넌스 및 인사·행정제도 혁신

특성화역량 평가지표(안) - 70점

2. 특성화 여건 - 35점
- 특성화분야 전임교원 확보의 적정성
  - 특성화분야 전임교원 확보율
  - 전임교원 확보의 질 담보
- 특성화분야 전임교원 강의비율
- 특성화 분야 취업의 적정성
  - 지난 3년간 학부생 진로 현황
- 특성화 분야 학부교육 특성화 및 내실화 실적
  - 특성화된 교육과정 구성 및 운영 실적
  - 교수학습 지원 및 학생 지원 실적
  - 특성화분야에 대한 대학의 투자 실적
- 참여 인력의 구성과 역량

4. 특성화 계획 - 35점
- 사업단의 비전과 특성화 계획
  - 사업단의 교육비전과 특성화 논거 및 계획
  - 사업단에 대한 재정지원 이력(과정부 재정 지원 사업 포함) 특성화 계획의 정합성
  - 사업단 재정집행 계획의 적절성(타사업과 연계 포함)
- 교육과정 구성 및 운영 계획
  - 특성화 방향에 부응하는 교육과정 구성·운영 계획
  - 전공 교과의 질 제고를 위한 행·재정 지원 계획
- 학부생 양성 및 지원 계획
  - 학생 선발·양성 및 진로·취업의 질 제고 등 계획
  - 학부생에 대한 각종 행·재정 지원 등
- 학부교육 내실화 및 지원 인프라 확충 계획
  - 교수·학습 지원 및 교육의 질 관리 체계 내실화
  - 특성화 분야 여건 등 개선 계획

실적 / 계획

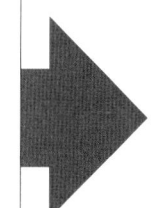

[출처 : 교육부, 「2014년 지방대학특성화사업 지표정의서(국가지원)」, 2014]

대학 기능의 변화 'LINC 사업'

정부는 산학협력의 중요성을 인식하고 지역대학과 지역산업의 공생 발전을 통한 다양한 산학협력 선도모델 창출을 위해 LINC사업을 도입했다. 2012년 사업을 추진하여 1차 선정이 이루어졌고, 2단계 사업이 시행 중에 있다. LINC사업의 주요 목적은 산학협력을 통해 산업체 수요에 부응하는 대학교육 체제로 전환하고 일자리 미스매치 해소 및 지역발전을 견인하는데 있다.

또한 지역과 연계한 현장 적합성 높은 대학교육으로 창의성과 도전정신을 함양한 인재양성과 혁신적 기술개발에 대학의 역량을 집중시키고자 하고, 대학 특성에 맞는 산학협력 모델을 창출하여 지역 경쟁력을 강화하고자 한다. LINC사업은 포뮬러 지표 평가를 통해 일정 수준의 대학을 선발한 다음 사업계획서를 심사하고 산업체 설문조사를 실시하여 평가한다.

정부 정책의 패러독스

구조개혁 과연 어떻게 할 것인가?

정부가 야심차게 기획하고 시행 중인 구조개혁 정책은 벌써부터 많은 반대에 부딪히고 있다. 학생들은 거리로 나왔으며, 교수들의 반발은 점점 조직화 되고 있는 추세이다. 상정되어 논의 중인 대학 구조개혁 법안은 작금의 여러 가지 사태를 볼 때, 향후 국회에서의 통과가 난항을 겪을 것으로 예상된다. 그렇지만 역시 가장 큰 문제는 '구조개혁을 과연 어떻게 할 것인가?'하는 점이다. 정부는 구조개혁 평가를 통한 재정지원을 함으로써 구조개혁에 강제성을 부여하고, 각종 지원 사업 평가 항목으로 정원감축에 대한 노력을 평가하여 간접적인 정원감축을 유도한다. 그러나 중요한 것은 어디에도 정원감축과 구조개혁을 어떻게 해야 한다는 지침이 나와 있지 않다는 것이다. 정부는 대학 정원감축에 거부하지 못할 강제성을 부여했지만 아이러니하게도 구조개혁 방법에 대해서는 대학 자율성 보장을 명목으로 한 발 물러나 있는 상태이다.

살얼음판 같았던 상황 속에서 처음 균열을 일으킨 것은 기업형 대학교인 중앙대에서 일어난 일련의 사건이다. 중앙대 사태는 단순히 구조개혁 반대 사건이라고 보기에는 무리가 있는 것이 사실이다. 기업이 대학을 인수하는 과정에서의 문제와 그것을 해결하기 위한 소통이 부재했던 것이 총체적으로 작용한 이번 사태는 대학 구조개혁이 구성원들의 의견을 수렴하지 못한 채 실시하게 되면 얼마나 위험한지에 대해 설명하고 있다. '중앙대학교 선진화 방안'이라고 명명한 중앙대 구조개혁 방안을 한마디로 말하자면 학문단위의 대형화, 그 안에서 학생들의 자율적 선택권을 보장하겠다는 내용이다. 그리하여 선택받지 못한 학과들의 자연스러운 도태를 유도하고 있다. 이에 대해 전혀 인지하지 못했던 교수들은 크게 반발했다. 연일 언론을 통해 추락했던 학교의 위신을 보다 못한 학생들은 거리로 나왔으며, 이제는 구조개혁 정책 전반에 대한 반대 시위에 앞장서고 있다. 주변 여러 대학들은 중앙대 사태에 동조하고 있으며, 구조개혁 방안을 준비하고 있던 대학들은 공표하지 못하고 다시금 눈치를 보고 있는 상황이다.

대부분의 대학들은 학과의 경쟁력을 판단하여 구조개혁의 근거로 사용하고 있다. 하지만 '학과의 경쟁력'은 어떻게 평가할 수 있는 것인가? 대부분의 대학들은 정부에서 행하는 대학 평가 기준에 따라 학과가 대학에 주는 성과를 기준으로 삼는다. 그중에서 가장 논란이 되고 있는 부분은 단연 취업률이다. 단순 취업을 학과 평가의 잣대로 봐야 할 것인가는 앞으로도 계속된 논의가 필요하다.

학문의 사전적 정의는 '어떤 분야를 체계적으로 익힘. 또는 그런 지식'이라고 되어 있다. 대학 본래의 목적이 학문을 익히는 것에 지나지 않는다면 취업률은 학과경쟁력의 평가 잣대로서 올바르지 않을 것이다. 하지만 현실적으로 대학 본래 목적이 지식의 습득을 통해 자아를 실현하고 본인이 만족하는 사회의 일원이 되고자 하는 방향에 있다고 생각한다면 취업률은 학과경쟁력 평가의 좋은 잣대로서 작용할 수 있다.

현재 정부와 각 대학은 위 두 논리들이 첨예하게 대립하고 있는 상황이다. 옳고 그름을 떠나 두 논리들을 결합시켜 하나의 중간 지점을 찾는 과정이 바로 대학 구조개혁의 과정이다. 대학들의 양적 팽창에 따른 부작용과 대학 환경의 패러다임 변화에 따라 구조개혁은 이제 필연적이다. 중앙대 사태에서 보다시피 구조개혁을 잘하기 위해서는 '소통'과 '화합'이 선행돼야 한다. 대학은 필요한 구조개혁에 대해서 이해관계자들을 설득하는 일련의 과정을 충분히 거쳐야 하며 구성원들은 대학의 구조개혁 논리를 끊임없이 검증하고 공감하여야 한다. 이런 과정에서 대학의 특성화는 중요한 역할을 한다. 대학으로서는 구조개혁의 좋은 명분으로 작용할 수 있고, 구성원들은 대학 발전을 위한 방법으로 충분히 공감할 수 있게 된다. 즉, 구조개혁을 어떻게 하면 잘할 수 있는지에 대한 해답은 대학의 특성화에서 찾을 수 있다는 것이다.

재정지원 제한을 피하는 방법

정부는 기본적으로 재정지원 제한과 재정지원 정책의 두 가지 트랙으로 대학에 대한 공적 통제를 시도하고 있다. 재정지원제한은 구조개혁 평가를 통해 대학의 정원을 의도적으로 감축시키고, 강제적인 체질개선을 한다는 점에서 채찍형 정책으로 분류할 수 있고, 선별적 지원을 행하는 지원 정책은 당근형 정책으로 분류할 수 있겠다. 대부분의 대학 관계자들은 지원을 받기보다 제한을 피하는 것이 더욱 중요하다고 생각할지 모르겠다. 하지만 정부의 채찍과 당근 정책에서 가장 큰 아이러니는 바로 한 대학에 채찍과 당근을 모두 줄 수 없다는 것이다. 즉, 정부는 특성화사업 지원 등 재정을 지원하는 동시에 학자금 대출과 정부 재정지원 사업 제한을 할 수 없다는 것이다.

구조개혁 법안 통과가 난항이 예상되고 정부와의 직접적인 협상을 통해 재정지원 제한 대학이 선발되는 등의 불확실한 상황 속에서 대학이 재정지원 제한을 피할 수 있는 가장 좋은 방법은 정부의 재정지원을 수주하는 것이다. 또한 당근형 정책은 겉으로 보기에는 아이스크림과 같은 달콤한 모습을 하고 있지만 실질적으로 아이스크림보다 비상구호품에 더 가깝다. 다시 말해, 먹지 못하면 도태되고 심각한 수준에서는 대학의 생명이 끝날 수도 있다는 것이다.

이러한 이유 때문에 각 대학들이 정부 재정지원 수주, 특히 대학 특성화사업에 사활을 건다, 정부의 모든 대학정책은 특성화로 귀결된다. 특성화만이 우리나라 고등교육의 위기를 타개하고 장기적인 경쟁력을 확보하기 위한 방안일뿐더러, 정부 정책에 대응하기 위한 가장 선제적인 수단인 것이다.

CHAPTER. 3

대학의 위기, 대학들은 어떻게 대응하나

생존을 위한
한국 대학의 몸부림

대학가에 닥쳐온 바람, 대학 구조조정

　아직도 한국의 대학구조조정은 진행 중에 있다. 정부와 자본은 물론, 대학 내부에서도 구조조정의 절박함과 시급함을 호소하는 목소리가 쏟아져 나오고 있다. 대학구조조정의 필요성을 주장하는 이들의 목소리는 대체로 한결같다. 지식기반사회에서 국가경쟁력은 인적 자원의 질(質)에 좌우되며, 경쟁력 있는 인적 자원은 대학의 질에 달려있다는 것이다. 즉, 국제 환경에 맞는 인력양성시스템을 갖추기 위해 대학의 구조개혁이 시급하다는 주장이다. 이들의 눈에 비친 대학은 규모가 크고, 방만하게 운영되며, 산업 수요에 불필요한 학과들이 난립해 있다. 따라서 불필요한 학과와 학부를 과감히 줄이고 정부평가를 잘 받을 수 있는 학과단위로 구성하려는 움직임을 보이고 있다.
　최근 정부는 정원 감축안에 따라 대학 평가지표를 마련하고, 그에 따라 각 대학이 자체적으로 구조를 바꿔나가도록 유도하겠다고 밝혔다. 각 대학을 등급별로 분류해 등급이 높은 대학은 정원의 4%, 낮은 대학은 10%까지 감축하면 가산점을 부여한다는 골자의 발표였다. 이같은 교육부의 대학 등급화는 대학과 대학 사이의 경쟁을 심화시키는 계기로 작용했고 결국 학교 사이의 무한 경쟁으로 치닫게 되었다.

이러한 정부의 방침에 따라 각 대학들은 생존을 위해 취업률 등의 대학 지표 점수를 기준으로 대학 내부 구조조정을 시작하였다. 현재 대학들은 첨단학과 중심의 특성화와 구조조정이 취업난을 해소해 줄 것이라는, 그리고 구조조정을 통해 학교와 구성원의 브랜드 가치가 상승할 것이라는 일념으로 너도나도 내부 구조조정을 단행하고 있다.

하지만 대부분의 대학들은 대학구조조정에 대한 인식기반이 부족하여 정부정책에 대한 대응이 미약한 실정이다. 최근 중앙대와 한국 외대의 사례는 이러한 상황을 잘 나타내 주고 있다.

중앙대는 2015년 2월 26일 학과제 폐지를 골자로 한 학사구조 선진화 계획을 발표했다. 중앙대 측은 사회가 요구하는 융·복합형 인재를 길러내기 위해 학과의 벽을 허물고 단과대학 단위로 전공을 운영하는 학사 제도를 도입해 2016년 입시부터 학과 구분 없이 신입생들을 모집하겠다고 말했다. 이러한 제도는 전면적으로 학과를 폐지하고 학생들이 선택하는 전공만 존치시킨다는 방침이기에 자칫 취업과 크게 관계 없다고 여겨지는 인문 기초 학문의 근간이 위협받을 수도 있다고 일부에서 비판을 하고 있다.

사실 중앙대는 이전에도 정부 정책에 맞는 구조조정을 단행했었다. 가정교육과, 비교민속학과, 가족복지학과, 아동복지학과 등은 전공 선택률과 아웃풋이 떨어질 것이라는 예측에 의해 폐지되었으며 국내 최초 교수연봉제 도입과 학문단위 구조조정 실행, 기능형 부총장제 도입 등을 통해 대학내 체질개선을 지속적으로 해온 바 있다.

기존 18개 단과대학 77개 학문단위를 10개 단과대학 46개 학문단위로 재조정해 학문단위의 구조조정을 실시했고, 기능형 부총장제 운영 시스템을 통해 대학본부에 권한을 집중시키지 않고 계열별로 인사, 기획, 예산에 대한 권한을 부여하여 학문단위의 특성을 살렸다. 또한 국내 최초 연봉제를 통해 연공서열 보상 중심이 아닌 성과에 따른 보상으로 차별화했다.

이러한 결과 때문일까? 최근 중앙대는 정부의 대형 재정지원사업 4개에 모두 선정됐다. 중앙대는 학부교육 선도대학 육성사업(ACE), 산학협력선도대학 육성사업(LINC), 고교교육 정상화 기여대학 지원사업, 수도권대학 특성화(CK-Ⅱ)사업 등 4개 사업에서 수주액만 430억 원을 얻는 쾌거를 이룩하였다.

중앙대의 자체 구조조정은 교육부의 대학 구조개혁 방향과 일맥상통함을 잘 보여주었다. 정부 평가에 잘 맞는 구조조정을 할 경우 정부로부터의 약속된 혜택을 받을 수 있지만 기존의 방식에 안주하거나 대학 구조개혁 평가에 맞지 않는 정책을 진행할 경우 평가에서 낮은 등급을 받을 확률이 높다. 따라서 대학들은 등급평가에서 불이익을 받지 않기 위해 교육부의 의도와 기준에 맞게 자체적으로 제도를 수정하고 있다.

한편 한국외국어대는 2014년 2학기부터 일부 과목을 제외한 모든 과목의 성적평가 방식을 절대평가에서 상대평가로 바꿨다. 대학 구조개혁 평가 시뮬레이션 결과 교육비 환원율, 장학금 지급률, 성적 분포 등 3가지 세부지표의 점수가 저조해 2015년 구조개혁평가 모의 평가 기준 D등급(A~E등급 존재)을 받을 것으로 예상되었다. 따라서 학교 본부는 그동안 문제점으로 제기되어 온 학점 인플레 현상을 해소하고 국가장학금 축소 등 제한을 받지 않는 C등급까지 회복하기 위해 성적평가 방식을 변경하였다.

이렇듯 대학의 자체 구조조정은 정부가 추진하는 방향으로부터 크게 벗어나지 않고 있다. 즉, 대학평가기준에 따라 최대한 많은 점수를 확보하기 위해 취업률, 재학생 충원율, 산학협력을 위한 노력 등을 위주로 구조조정을 추진하고 있다. 하지만 이 같은 모습은 고등교육의 공공성을 확보하는 데 전혀 도움이 되지 못하며 학문정책의 왜곡, 지역의 고등교육기반 붕괴, 수도권 중심의 대학서열화 등의 문제만 만들고 있다. 또한 구성원인 학생들과 교수들의 의견이 구조조정에 전혀 반영되지 않고 있기 때문에 학교와 학생들 간의 팽팽한 대립이 이어지고 있다.

대학 간 통합(손잡아야 같이 산다)

학령인구 급감을 앞두고 살길을 찾기 위한 대학 간 통합 논의 역시 끊이질 않고 있다. 최근에는 경남 3개 국립대(경상대, 경남과학기술대, 창원대)가 통합논의를 시작한 것으로 알려지면서 다시 한 번 대학가에 대학 간 통합에 대한 관심이 높아지고 있다.

그러나 서로 다른 대학이 만나 통합이 성사되기까지 넘어야 할 산이 적지 않다. 서로 간 이해관계가 맞아떨어져 통합 논의가 이루어진다 하더라도 교수업적 평가, 학과 통폐합, 통합교명 결정, 고용승계 등 민감한 문제를 협의하다 보면 협상이 결렬되는 일이 다반사이기 때문이다. 그럼에도 불구하고 2018년부터 대입정원이 고교 졸업자 수보다 많아지는 '역전 현상'이 본격화되면 정부 구조조정 정책 때문에 대학들은 생존 투쟁에 나설 수밖에 없을 것이며 통합의 힘난한 과정을 알고 있음에도 불구하고 대학들은 어쩔 수 없이 통합을 시도하게 될지도 모른다.

몇 년 전 학교법인을 통합한 인하대와 한국항공대 간 통합설이 끊이지 않는 이유도 이 때문일 것이다. 인하대 입장에서 통합은 서울 진출을 위한 교두보를 확보할 수 있다는 점에서 필요하고, 군사지역에 캠퍼스가 위치한 한국항공대의 경우도 캠퍼스의 확장을 위해 통합은 흥미로운 제안일 것이다. 다만 대학 규모 등을 볼 때 사실상 흡수 통합이 될 가능성이 높은 한국항공대에서는 통합에 대한 심정적 거부감이 강한 상황이다. 이처럼 대학 간 통합은 목적의 공유, 교육의 질적 수준 향상, 대학의 효율성 제고 등을 꾀할 수 있어 대학의 미래상을 그려내는 데 커다란 역할을 할 수 있다.

현재 정부가 강제하는 대학 구조조정의 핵심은 양적 축소라고 볼 수 있다. 특히 지방대학이 정원을 채우지 못하고 있는 이유는 대학자체의 문제도 있겠지만 무엇보다 인기학과, 명문대학으로의 집중 현상으로 인해 발생하고 있다. 이에 따라 지방대학들은 교직원이 학생모집 품팔이에 나서거나 신입생들에게 각종 혜택까지 제시해도 입학정원을 채우지 못하는 상황이 발생하고 있다.

이러한 상황에 대학들은 대학 간의 통합을 통해 부족한 학생 수를 보충하고 교직원들이 학생모집에 신경 쓰지 않고 교육의 질을 확보하기 위해 대학의 간 통합이 필요하다는 주장을 내세우고 있다.

하지만 대학 간 통합은 학교 간 자율적 논의로 이루어져야 하나 현재에는 정부 정책의 압박에 못 이겨 논의를 진행하는 경우가 많아지고 있다. 이같은 상황에서는 대학이 나아가야 할 방향을 제대로 검토하지 못한 채 불균형적으로 대학 간 통합이 이루어지는 경우가 다반사이다. 우여곡절 끝에 통·폐합이 이루어졌다 하더라도 학생들과 교수회의 동의 없는 통합은 집단 반발 등 사후 처리에 대한 문제가 남을 수 있다.

[표 3-1] 대학 간 통합 현황

통합 시기	대학 명		통폐합
	현 학교명	폐교 명	
2009~	우송대학교	우송대학교(산업)	산업+전문→일반
		우송공업대학(전문)	
2012~	가천대학교	가천의과학대학교(일반)	일반+일반→일반
		경원대학교(일반)	
2012~	제주국제대학교	탐라대학교(일반)	일반+전문→일반
		제주산업정보대학(전문)	
2012~	한국교통대학교	충주대학교(일반)	일반+전문→일반
		한국철도대학(전문)	
2014~	신한대학교	신흥대학(전문)	전문+일반→일반
		한북대학교(일반)	
2014~	가톨릭관동대학교	인천가톨릭대학(일반)	일반+일반→일반
		관동대학(일반)	

[출처 : 대학알리미, "통폐합 및 학제변경 대학현황", 2015]

정부의 대학정원 16만 명 감축 요구, 대학들의 대응은?

대학의 구조개혁 평가기준을 보면 "정원 감축의 규모 및 조기 감축 여부에 따라 가산점 차등 부여"의 내용이 포함되어 있다. 대상 기간을 보면 2014학년도 대비 2015년~2017년도이므로 1주기 평가기간에 해당한다. 감축 규모를 보면 구조개혁 방안 1주기('15~17학년도) 정원감축 목표(25,300명) 즉 7%를 기준으로 ±3% 범위 내로 감축 비율과 가점을 정하고 있다. 여기에 체질개선을 위한 학과통폐합 등 구조개혁 노력은 평가지표에 반영하여 정성 평가(2점) 점수를 부여하고 있다. 사실상 대학들이 알아서 자체 구조조정을 하도록 강요하고 있다.

[표 3-2] 입학정원 감축 규모에 따른 가산점 기준

감축시기 \ 감축규모	10%이상	7%이상 ~10%미만	4%이상 ~7%미만
'16학년도까지 감축 목표의 80% 감축	5점	4점	3점
'16학년도까지 감축 목표의 60% 감축	4.5점	3.5점	2.5점

[출처 : 교육부, 「수도권대학특성화사업시행계획」, 2014]

개별대학들의 반응을 보면, 어차피 「대학구조개혁 및 평가에 관한 법률」(통칭 대학구조개혁법: 김희정 의원 발의)이 제정된다면 평가를 통한 강제 정원조정이 불가피하므로 자체 정원조정을 통해서 정부지원금이라도 확보하고 보자는 입장이 다수인 것으로 보인다. 물론 이것은 '우수' 내지 '보통'의 평가를 받을 것으로 예상되는 대학의 입장이고 '미흡'이나 '매우미흡'의 평가를 받을 것으로 예상되는 대학의 경우에는 답이 없다. 남은 것은 자발적 퇴출경로가 아닐까 한다.

[표 3-3] 정부 구조조정 사업 연결에 따른 감축규모

평가주기	1주기('14-'16)	2주기('17-'19)	3주기('20-'22)
감축 목표량	4만 명	5만 명	7만 명
감축 시기	'15~'17학년도	'18~'20학년도	'21~'23학년도
최우수	-	-	-
우수	4%	10%	15%
보통	7-10%	16%	25%
미흡	?	?	?
매우 미흡	?	?	?

[출처 : 교육부, 「대학구조개혁평가추진계획」, 2015]

대학들은 자신들이 받을 평가에 대한 예측을 통해서 자체구조조정의 비율을 정하고 있다. 언론을 통해 본 대학들의 정원 감축규모를 보면 [표 3-4]와 같다.

이러한 예상치를 보면 서울대, 연세대, 고려대는 최우수대학이 될 것이라 가정하고 있고, 서울 주요 사립대는 서열의 윗부분에 있는 만큼 적어도 우수대학에 포함될 것이라 가정하고 있다.

[표 3-4] 1주기 평가와 정부 구조조정 사업 연결에 따른 대학 감축규모

대학	감축률	대학	감축률	대학	감축율
서울대	계획 없음	서강대	4%	동의대	5.1%(2015)
연세대	계획 없음	성균관대	4%	인제대	7.3%
고려대	계획 없음	한양대	4%	경남대	2.8%(2015)
		중앙대	4%	계명대	7%
		경희대	4%	영남대	4-7%
		한국외대	4%	대구대	10%
		한국기술교대	4%	서원대	7%
		순천향대	4%	제주대	10%
				충북대	7%(추진 중)
				충남대	10%(계획)
				경상대	4-7%(추진 중)

[출처 : 이데일리, "대학 정원감축 수도권 4%, 지방 7~10%," 2014.04.24]

문제는 이러한 자체 구조조정이 대학 구성원들의 동의 없이 일방적으로 진행되어 학생들의 수업권과 교수들의 교권을 침해하는 사례가 많다는 점이다. 학과통폐합으로 인해 갈등(서일대, 부산대, 충남대, 강원대, 청주대, 서원대, 대진대, 동의대 등)이 대다수를 차지하는데 이 중에는 학생들의 점거 농성이나 수업거부로까지 연결되는 극단적인 사례도 있었다 (경기대, 덕성여대, 서일대, 청주대, 서원대 등).

대학들의 특성화 정책, 과연 특별한가?

정부는 2014년 2월 '지방대학특성화사업(CK-I)' 및 '수도권대학특성화사업(CK-II)', '전문대학특성화사업'을 실시하기로 발표했다. 사업 선정 시 정원 감축의 규모 및 조기 감축 여부에 따라 가산점을 차등 부여하고 학과 통·폐합 등 구조개혁 노력을 평가지표에 반영하겠다고 밝혔다. 2014년 특성화 전문대학 육성사업, 산학협력 선도대학 육성사업(LINC), 학부교육 선도대학 육성사업(ACE) 선정 시에도 대학 구조개혁 실적은 가산점으로 반영됐다. 재정 지원 사업을 통해 각 대학들은 지역의 여건과 특성을 반영한 색깔 있는 대학으로 거듭나기 위해 특성화 사업을 추진하였다.

우선, 지역 전략 유형을 중심으로 지역의 전략 산업인 바이오, 디스플레이, 농생명, 해양, SW/IT, 건강, 영상, 콘텐츠와 연계된 특성화 사업단을 신청하여 대학이 지역산업과 긴밀하게 연계할 수 있게 되었다. 더불어 소외·취약계층에 대한 봉사와 지역사회 발전의 구심점이 되는 인재를 양성하는 사업단 등 지역사회에 기여하고 봉사할 수 있는 다양한 사업단을 구성하게 되었다.

과거 재정 지원 사업에서 다소 소외되었던 인문사회, 예체능 계열의 참여 확대도 두드러졌다. 전체 사업단 중 문화 융성의 근간이 되는 인문사회계열이 43%, 예체능계열이 10%를 차지하였으며 나머지 자연계열이 19%, 공학계열이 28%의 비중으로 집계되었다. 이는 문화 융성과 창조 경제를 견인할 창의적 인재양성을 위해 인문사회, 예체능을 위한 '국가지원 유형'을 별도로 신설한데 따른 것으로 보인다.

또한, 학문 간 융합을 통해 창의적인 문제 해결 능력을 갖춘 융합형 인재를 양성하는 융·복합 사업단들이 많이 생겨났다. 전체 신청 사업단의 67%가 학문 간 연계를 통한 융합형 인재를 양성하기 위해 학과 간 융·복합 사업단으로 구성하였다.

하지만 정부에서 진행하는 특성화사업지원 정책은 획일적 기준으로 평가하고 있어 그에 부합하지 못하는 경우 사업지원에서 탈락하는 사례가 많이 발생하게 되었다. 정부는 대학이나 학문의 특성을 고려하지 않은 부적절한 지표 중 하나로 '획일적인 대학 전체의 취업률'을 강조하여 취업에 소외받는 학문분야의 경우 재정지원의 혜택을 전혀 받지 못하는 상황이 나타났다.

이처럼 현재 정부지원 사업으로 인해 대학들의 정책이 바뀌고 있다. 즉, 대학들은 정부나 부처의 책임자가 바뀔 때마다 정책의 틀, 재정지원 사업 자체는 물론 평가의 관점과 세부지표들이 변화되어 여러 가지 혼란을 겪고 있다. 또한 지원사업마다 평가의 초점과 기준이 달라 대학 내부적으로 정책이 뒤엉키기도 한다.

이같이 정부지원 사업은 대개 5년 단위로 바뀌기 때문에, 대학은 장기적 관점에서 어떤 특성화에 대한 내공을 쌓아가기가 힘들다. 정부가 새로운 재정지원 사업을 공지하면, 대학들은 그 평가지표에 따라 가장 좋은 평가를 받을 수 있는 모습의 특성화로 변신해 나간다. 사업이 종료되거나, 선정이 안 되면 변화의 시도는 언제 그랬냐는 듯이 없었던 일로 돌아간다.

또 다른 문제는 사업에 따라, 지표에 따라 전국 모든 대학들이 하나의 방향으로 움직인다는 것이다. 큰 틀에서도 획일화 되는 것이다. 2013년 WCU사업이 사라졌을 때, 어렵게 결단하고 우리나라에 와서 5

년 동안 열정을 쏟았던 외국인 석학들이 매우 부정적인 이미지를 가지고 떠났던 적이 있다. 5년 동안 실험실, 연구진 등 기본 인프라를 힘들게 잘 만들어놓고, 무언가 새롭게 도전할 준비가 됐다고 생각했는데 갑자기 문을 닫으라고 한 것에 대해 도저히 이해할 수 없다는 분위기였다. 물론 정부는 새로운 분위기를 만들어줬으나 그 분위기 또한 언제 바뀔지 모른다는 것이 큰 문제이다.

정부의 특성화사업, 무엇이 문제인가?

'지방대학특성화사업(CK-Ⅰ)', '수도권대학특성화사업(CK-Ⅱ)', '전문대학특성화사업' 등 지금까지 진행된 특성화사업정책들은 앞서 살펴본 바와 같이 몇 가지 문제점을 지니고 있다.

첫째, 지역혁신 분야와 관련하여 유사한 성격의 사업들 간 연계·조정 과정이 없고 대학의 특성화 분야를 반영하지 못함에 따라 한 대학이 특성화 분야와 관련 없이 다양한 분야의 사업에 참여함으로써 전체적으로는 오히려 특성화를 저해하고 있다고 보여 진다.

또한 연구중심대학과 교육중심대학을 각각의 특징에 맞는 차별화된 지표가 아니라 동일한 지표로 평가함으로써 대학 기능에 근거한 수평적 분화가 아니라 오히려 대학 간 서열화를 조장하는 결과를 초래하고 있다.

둘째, 특성화 지표의 평가가 '산학연계사업성과'에만 국한되어있다. 때문에 구조적으로 해당 부분에 대한 성과를 내기 어려운 교육중심대학은 연구중심대학보다 상당한 제약을 받고 있다.

뿐만 아니라 대학의 특성화를 강조하는 특성화사업(CK)을 342개 대학에 걸쳐 지원한 것은 선택과 집중 원칙에 위배될 뿐 아니라 거의 모든 대학을 무분별한 특성화 선정 경쟁에 뛰어들게 하는 요인으로 작용하였다.

현재 대학의 특성화사업은 정부의 평가요인에 따라 지나치게 끌려가고 있다. 이러한 움직임은 대학 간의 서열화와 특성 없는 학교를 만드는 요인으로 작용하고 있다. 각 대학들은 정부의 평가 요인뿐만 아니라 자신만의 강점을 살릴 수 있는 이점을 시급히 발굴하고 그에 맞는 전략적 방안을 세워 타 대학과의 차별화를 꾀해 나갈 수 있어야 할 것이다.

대학의 위기, 해외 대학은 어떻게 극복하고 있나?

해외대학들의 통·폐합 사례

선진국에서 이루어진 대학개혁의 사례들을 대체로 대학 간 통합과 자체개혁이라는 두 가지 측면에서 살펴볼 수 있다. 우선 대학 간 통합 사례로는 정부 주도로 대학 개혁과 통합이 이루어진 핀란드의 알토대(Aalto)나 노르웨이의 직업교육대학들의 통합을 들 수 있다. 핀란드 대학들은 대학 수의 감소와 대학의 독립성 및 자율성 강화를 위해 핀란드 왕립 위원회를 주축으로 대학 통합정책을 실시하였다.

왕립위원회는 20개의 대학을 2020년까지 15개로 통합을 하고 대학의 독립법인화 및 총장 권한을 강화하여 각 대학의 독자성과 특징을 부각시켜 주는 방안을 고안하고 있으며 정부주도의 하향식 통합은 어느 정도 성공적으로 진행하고 있다고 평가받고 있다.

특히 핀란드의 알토대는 세계적 수준의 혁신대학 수립을 위해 기술, 경영, 디자인을 특징으로 하는 3개 대학을 통합하고 교육시스템을 향후 기술과 경영에 도움이 되게 구성했다. 이러한 알토대가 소프트웨어 분야(기술)와 비즈니스 분야(경영)의 핵심인력을 제공할 수 있었던 것은 1987년 문을 연 첨단과학기술단지인 오타니에미 사이언스 파크 내에 노키아 글로벌 본사 등 산업체, 정부출연 연구소인 핀란드기술연구센터(VTT), 중앙정부 및 지방정부 등이 톱니바퀴처럼 서로 맞물려 들어가는 긴밀한 네트워크를 구축할 수 있었기 때문이다. 핀란드의 산학일체형 모델에서 알토대학은 연구개발인력을 제공하는 핵심적 역할을 수행함으로써 핀란드의 미래 성장 동력을 창출하는 데 기여했다. 알토대는 통합을 통해 대학의 정체성을 살릴 수 있는 특성화 분야를 파악할 수 있었고 그러한 특성화를 강화시키기 위해 지역산업과의 유기적인 연계를 통해 지금의 세계적인 대학으로 발돋움 할 수 있었다. 한편 노르웨이의 대학 통합정책은 행정 및 연구의 질 제고 및 새롭고 넓은 영역 프로그램을 제공하기 위하여 진행되었다. 노르웨이에 산재하고 있는 98개의 College를 700명 이상 학생의 26개 State College로 통합하여 대형화를 진행하고 있다. 이 정책을 통해서 노르웨이의 각 대학은 교과와 연구의 협력이 증진되고 각 대학의 특징적인 면이 부각될 수 있게 되었다.[5]

또한 드문 사례이기는 하나 명성 있는 연구중심대학들이 자발적으로 통합을 이뤄낸 영국의 맨체스터대의 사례는 대학의 경쟁력을 높이기 위해 대학 간 협력과 조정을 이끌어냈다는 측면에서 우리에게 시사해주는 바가 크다.

1990년대 영국에는 대학의 통합에 대한 바람이 불었다. 이미 영국

---

5) 민철구 외 3인, 「이공계 대학 구조변화 추세분석과 대학경쟁력 확보방안」, 과학기술정책연구원, 2010

에서 연구중심대학교로서 명성을 가지고 있던 맨체스터리아대(Victoria University of Manchester, VUM)와 맨체스터 과학기술대(Manchester University of Science)도 바람을 피해갈 수는 없었다. 하지만 다른 대학의 통합과는 달리 맨체스터대는 별다른 반대나 문제 없이 설립된 매우 이례적인 사례를 보여주었다.

우선 역사적으로 이 두 대학이 긴밀한 역사를 가지고 있었다는 점을 주목할 필요가 있다. 두 대학은 불과 1마일도 떨어져있지 않았기 때문에 기숙사나 상담을 공동으로 제공하고 협동 학과를 설립하는 등 긴밀한 관계를 유지해왔다. 이러한 역사 덕분에 상대적으로 두 대학의 문화의 차이는 적은 편이었다. 또한 남부의 대학들과의 경쟁이 심했던 터라 혼자 힘 보다는 주변의 대학과 협력을 통하는 방법이 최선책이라 생각했던 두 대학은 일사천리로 통합을 진행하였다. 중앙과 지방 정부와 정부 기구로부터 8천만 파운드를 지원받은 학교 통합은 대학의 위치와 성격, 목적 등이 비슷함으로 인해 예상보다 손쉽게 이루어졌다. 통합 후에도 맨체스터 대학은 재빠른 비전 제시와 장기 전략계획인 '맨체스터 2015를 향하여(Towards Manchester 2015)'를 개발하여 학술연구중심대학이라는 특징을 강조하게 되었다. 맨체스터 대학은 대학의 비전에 따라 지속적인 연구와 매년 늘어나는 연구비 등을 통해 세계적으로 유명한 학술연구 대학으로 거듭나고 있다.

생존을 위한 해외 대학들의 노력 :
해외 대학들의 내부 구조개혁 및 특성화

• 영국 대학들의 노력:
  특성화 확립과 산학협력을 통한 교육의 질 강화[6]

영국의 고등교육개혁은 1980년대 이후 고등교육 기능의 위기, 국제화로 인한 무한경쟁 등 사회적 환경 변화로 인해 본격적으로 시작되었다. 과거의 고등교육정책이 관리 위주의 소극적 정책이었다면 이때부터는 신자유주의적 시장경쟁의 원리에 맞추어 고등교육정책의 효율과 대학의 책임을 강조하기 시작하였고 재정과 평가 등의 규제를 통하여 보다 적극적으로 고등교육개혁에 개입하여 왔다.

영국 고등교육개혁은 크게 엘리트교육을 탈피한 대중화 교육의 지향, 대학교육의 양적팽창과 비례한 대학교육의 질제고, 실용성과 융화된 대학교육, 국가수준의 고등교육제도의 개혁을 중심으로 이루어져 왔다. 2003년 발간된『고등교육의미래』백서는 고등교육개혁에 대한 영국 정부의 강한 의지와 정책 방향을 제시하고 있고 대학의 국제경쟁력을 강화하고 나아가 사회통합을 이루기 위하여 고등교육 체제 전체의 구조개혁과 질 관리시스템 구축을 주요 내용으로 하고 있다.

고등교육을 개혁하려는 영국 정부의 정책적 의지에 따라, 영국 대학들도 조직차원에서의 구조개혁을 통한 특성화를 모색했는데, 특히 산학연계의 측면에서 이를 살펴보면 다음과 같다. 첫째, 대학은 산업체 등 민간 부분의 유치와 네트워크 구축에 적극적인 노력을 보이고 있

---

6) 조영하,「영국의 고등교육개혁 동향」, 한국대학교육협의회, 2007

다. 이에 교육과정의 개편과 인력양성을 위한 목표의 설정도 기업과의 연계구조 속에서 고려되고 있다. 둘째, 대학은 지역과의 산학협력체제를 구축하여 교육연구의 효율성과 효과성을 극대화하고 있으며, 나아가 대학교육의 현장성도 높이고 있다. 이는 지역산업과의 연계 강화를 통하여 지역 산업 발전과 더불어 지역 간 균형 발전을 도모한다는 측면에서 대학은 매우 중요한 의미를 가진다.

영국의 고등교육개혁은 유구한 역사를 통하여 형성된 고등교육의 전통을 직접적으로 자극하지 않으면서, 급격한 변화보다는 특정 부문에 대한 성과를 높이는 방향으로 꾸준히 진행되어왔다. 영국대학의 대학 특성화의 모범사례로는 세계 최고의 교육 중심대학이라는 명성을 유지하고 있는 옥스퍼드대학과 케임브리지대학을 들 수 있다. 전 세계의 대학들이 연구 중심대학을 지향하고 있음에도 불구하고, 이 두 대학은 대형 강의와 튜터 리얼(학부생 한두 명이 대학원생 튜터[Tutor]를 배정받아 대형 강의에서 배운 내용을 바탕으로 심화학습을 하는 개인지도식 수업)로 이분된 교육을 통하여 수준 높은 교육 중심의 학부교육체제를 구축하고 있다. 런던정경대학(LSE)의 경우는 이공계 학과들이 산학협동을 통하여 이윤을 추구하듯이, 사회과학적 지식을 통하여 기업이나 국가가 요구하는 컨설팅을 제공하여 이윤을 창출하고 학교의 명예를 높이는 엔터프라이즈 LSE 사업을 추진하고 있다.

영국 대학들이 지식기반경제에 부응하기 위하여 주력하고 있는 것은 산학협력체제의 구축이다. 케임브리지대학은 대학 부지에 사이언스파크를 조성하여 첨단 응용과학 분야에서의 대학경쟁력을 확보하고자 노력하고 있다. 케임브리지대학을 중심으로 한 산학협력체제는 지방연구기관과의 연계와 인근의 트리니티대학과의 협력 등을 축으로 지역 성공을 보장하고 있다. 옥스퍼드대학도 개혁특위를 구성하여 교직원을 개편하고, 동시에 오스카라는 메인프레임컴퓨터를 중심으로 한 전산센터와 첨단기술연마에 필요한 온라인 연구센터를 개설하였고, 연구 결과를 상품화하기 위한 대학기업도 창설하였다.

현재 영국의 고등교육개혁은 다른 유럽 국가들과 비교할 때, 성공적인 것으로 평가되고 있다. 즉, 1980년대 초 대처 수상이 사회적 반발에도 불구하고 대학들을 경쟁 속으로 몰아넣은 것이 장기적으로 대학들의 경쟁력을 강화시킨 것이다

2003년 램버트(Richard Lambert)가 작성한 기업-대학 간 산학협동에 관한 보고서는 기업의 연구 개발이 기존에 기업연구소에서 비밀리에 진행하던 방식에서 대학과의 협력을 통한 개방된 방식으로 시스템 자체가 전환되고 있다고 보았다. 즉, 21세기 지식기반경제에서 기업들은 이윤을 추구하는 데 있어 대학을 가장 매력적인 파트너로 인식하고 있는 것이다. 이러한 기업연구 개발체제의 변화는 국제화 속의 지방화 추세에서 자연스러운 것이다.

램버트 보고서는 영국의 대학들은 지역의 사회·문화·경제적 요구에 부응하는 특성화를 통하여 이러한 사회의 변화 추세에 매우 효과적으로 적응해 나가고 있다고 평가하였다. 이미 케임브리지와 옥스퍼드 등의 명문대학뿐만 아니라 전통 있는 지역대학들도 상아탑 적 이미지를 과감히 벗어던지고, 지역 수준에서 더욱 능동적이고 적극적인 역할을 수행하고자 노력하고 있다.

- 일본 대학들의 노력 : 중장기 발전전략의 재정립[7]

일본은 국립대 개혁으로 대학 간 경쟁이 격화되고, 18세 대학입학 인구의 감소와 신설 대학 증가에 따른 입학정원 미달 사립대의 증가로 사립대에 대해서도 구조조정이 필요하다는 인식이 확산됐다. 일본의 18세 인구는 1992년 205만 명을 정점으로 계속 하락해 2008년에는 124만 명으로 감소했다. 반면 문부과학성에 따르면 대학의 수는 2000년 649개에서 2010년에는 778개로 10년 동안 129개나 증가했다. 일본 정부의 국립대 구조조정 정책으로 이 기간 중 국립대는 99개에서 86개로 줄었으나, 사립대는 478개에서 597개로 119개나 늘었다. 공립대학도 72개에서 95개로 23개 증가했다. 신설 사립대가 급증하면서 전체 대학 가운데 사립대가 차지하는 비중은 2000년 73.7%에서 2010년 76.7%로 커졌다. 그 결과 명문 사립인 와세다대학과 게이오대학 등이 학생 모집을 위해 장학금을 확대하고 학교장 추천, 및 AO(자기 추천입학) 입시를 확대하는 등 사립대 간의 학생 모집 경쟁이 한층 치열해졌다. 이에 따라 지명도가 낮은 영세한 사립대들은 더욱 학생을 모집하기 어려워졌고, 정원 미달 대학은 급증했다. 일본사립학교진흥·공제사업단에 따르면 정원미달 대학은 2002년 사립대 전체의 28.3%인 114개였으나 2006년에는 40.4%인 222개로 크게 늘었다. 대부분은 지방대학이었고, 영세한 사립대의 경영난은 더욱 가중됐다[8]

이를 타개하기 위해 일본 사립대학교들의 첫 번째 과제는 교육의 질

---

7) 기와구치 기요후미, "일본의 사립대학교 개혁과제와 리츠메이칸의 경험", 『대학교육』155호, 2008
8) 오대영, 「일본 대학의 구조조정 역사와 사립대 현황」, 한국대학교육협의회, 2008

향상 시키는데 주목하였다.

  일본의 리츠메이칸대학의 예로 살펴보면 리츠메이칸대는 1988년 일본 중서부에 위치한 칸사이 지역에 처음으로 국제관계 학부를 개설한 것을 시작으로 조직적인 유학을 추진하기 위해 캐나다 브리티시 콜롬비아대(UBC)에 해마다 학생 100명을 8개월 동안 보내고 UBC학생들과 함께 배우고 생활하는 프로그램을 1991년부터 시행했다. 이어서 1994년부터는 기존의 유학제도와 함께 유학국가에서 2년간, 리츠메이칸에서 2년간 배우고 최단 4년으로 양쪽 대학교의 학위를 취득할 수 있는 복수학위제도를 아메리카 대학교와 공동으로 실시하고 있다. 이 복수학위제도를 수료한 학생들의 국제 감각과 어학능력은 매우 높은 평가를 받았으며 학교 내에서도 최상위 수준의 취업실적을 자랑하고 있다. 이러한 국제화 추진 노력은 2000년 리츠메이칸 아시아태평양대(APU) 설립에 큰 원동력이 되었다. APU는 외국인이 교수/학생의 절반을 차지하고 일어와 영어 두 언어로 교육을 실시하는 기존에 일본에는 없었던 완전히 새로운 국제대학교로 탈바꿈 하였다. 현재 APU에는 83개국/지역에서 온 유학생 약 2,600명이 배우고 있다. 특기 사항으로는 그중 한국 학생이 약 700명에 이르며 유학생의 4분의 1을 차지할 정도로 많다는 것을 들 수 있다. 이렇듯 일본의 사립대학은 국제화와 학생들의 역량 강화를 진행하고 있다. 또한 커리큘럼 및 교학시스템 등 교육과 학술 관리시스템의 개혁을 통해 학생 변화에 맞춘 계열적 학술 시스템 구축이 요구되고 있다. 일본의 대학은 최근 교육 프로세스에 대한 학생 스스로의 참여를 강화시키고 있다. 이는 교육 자체가 교수와 학생의 공동작업인 것과 동시에 특히 일본에서는 학생의 수동적인 태도가 늘고 있기 때문이다. 기존의 '학문을 이해한다'는 추종 형 배움에서 스스로 생각할 수 있는 창조성을 가진 혁신적 인재 육성을 지향하는 것이다.

사립대학교 개혁의 두 번째 과제는 중점적 연구 활동의 조직적 전개하는 것이다. 대학교의 또 하나의 중요한 기능과 역할에 있어서, 일본은 지금까지 대규모 국립종합대학교를 중심으로 인재와 연구비를 투자해왔다. 하지만 상대적으로 빈약한 재정기반을 가졌음에도 불구하고 사립종합대학교 또한 높은 연구 역량을 축적해오고 있다. 개개인의 연구자들의 자율적이고 기반적인 연구를 지원함과 동시에 '선택과 집중' 방식으로 일본 사립대학은 전략적으로 노력해야 할 중점적 연구 분야의 압축과 인재·자금 집중 투자를 실시해 나갈 계획이다.

대학교에서의 연구 활동은 최근 특히 젊은 연구자들의 요청을 토대로 진행되고 있으며 일본의 많은 대학교에서도 박사 후기과정 개혁과 함께 연구 활동이 추진되고 있다. 하지만 추가적인 파급효과로 기대되는 것은 현재 일본에서 우려되는 '이과 기피현상'의 방지이다. 이 기구의 연구 성과를 통해서 초·중등 교육에서 배우는 학생들에게 과학기술에 대한 꿈과 희망을 심어주고 아울러 자연과학계열의 학문에 대한 관심을 조성하는 환경 정비에 기여하고자 노력하고 있다.

일본 사립대학교 개혁의 세 번째 과제는 사회 공헌분야이다. 대학교는 우수한 연구 교육기능을 가지기 때문에 국공·사립에 관계없이 그 기능을 살린 대학교로서의 사회공헌이 요구된다. 이는 국제적 차원, 국가차원, 지역차원에서 각각 요구된다. 일본 대학교의 사회공헌이란 각 교수의 연구 활동의 일환으로 이루어지는 데 그쳤지만 최근 일본 대학교에서는 지방협력 사업과라는 부서를 설치하고 조직적·전략적으로 지역사회공헌을 추진하고 있다. 대학교 자체의 경제적 효과, 지역에 대한 인재공급, 지역 사회교육·학교교육에 대한 기여, 여러 학생들의 자원봉사활동에 의한 지역사회 참여 등 각각 지역에서 지역 활성화에 크게 기여하고 있다.

사립대학교 개혁의 네 번째 과제는 재정기반 확립이다. 앞서 말한 대로 일본의 사립대학교 재정기반은 매우 빈약하고 한국과 비슷하게 수입의 70%를 등록금에 의존하고 있기 때문에 한편에서는 비싼 등록금 구조, 다른 한편에서는 교육조건 열악화라는 문제를 항상 안고 있다. 특히 공적자금은 대략 10% 수준에 불과하다. 정부 재무성은 국립대학교법인 운영교부금과 함께 사립학교 조성에 대해서 매년 1%씩 재정을 감축하는 계획을 시행 중이므로 일본의 고등교육은 재정면에서 큰 위기를 맞고 있다. 이러한 가운데 일본의 사립대학교는 국립대학교와도 협력하여 고등교육에 대한 재정지출을 OECD평균치까지 높이려는 캠페인을 추진하는 한편, 안정적인 수입확보를 위한 방안을 모색하고 있다. 장기적으로는 미국 사립대학교처럼 민간/개인으로부터의 기부금을 기금으로 하는 운용수입을 기대하는 것도 중요하지만 단기적으로는 등록금수입에 의존할 수밖에 없다. 따라서 비교적 등록금이 비싸더라도 학생들을 확보할 수 있는 매력적인 교학 조성이 필수적이다. 아울러 연구 측면에서는 산업계와의 연계, 정부 프로젝트와의 연계가 더더욱 중요해진다.

구체적인 예로 리츠메이칸의 경우, 앞서 말한 바와 같이 비와코, 쿠사츠 캠퍼스(BKC) 전개, APU설립에 있어서 대형 공사 협력, 구체적으로는 해당 지방자치단체에서 많은 기부금을 받음으로써 새로운 전개가 가능해졌다. 공공부문에서 자금을 받는다는 것은 각 프로젝트가 해당 지역 발전에 있어서 큰 의미를 가지는 것이 전제가 된다. 즉 대학개혁이 사회성, 공공성을 지녀야 한다는 것이다. 하지만 최근, 재정위기로 지방자치단체로부터의 대형 조성금 지급 가능성은 거의 없어졌다는 전망도 있어, 앞으로는 그 재원을 경쟁적 자금 획득으로 마련해야 할 것이다.

산학연계에 대해서도 리츠메이칸은 일찍부터 리에존오피스라는 독자적인 체제를 갖추고 산업계 수요 파악과 대학교 측 공급을 맞추기 위해 노력해왔다. 그 결과 이 분야에서도 높이 평가받고 있다. 또한 APU설립 시에는 아시아에서 오는 유학생들에 대한 장학금이 학교성공의 절대적 조건이 된다는 인식 하에 일본 내 대표 기업으로 이루어진 자문위원회를 조직화하여 43억 엔에 이르는 기부금을 모았다.

시사점

각국의 대학은 다양한 이유로 구조개혁을 추진해왔다. 재정의 압박은 가장 큰 문제였다. 사립대학이 많고 대학이 재정의 직접적 책임을 지는 일본의 경우 재정 악화는 대학의 사활이 걸린 문제이다. 또한 유럽의 경우 최근 대학 경쟁력이 이슈가 되면서 글로벌 환경에서 가시성을 획득하기 위한 목표로 대학 간 통합이 이루어지는 사례가 나타나는 모습을 관찰할 수 있었다.

대학 개혁의 가장 주목할 점은 단순한 비용감소를 위해 개혁을 추진해서는 성공적인 개혁을 이룰 수 없다는 것이다. 성공 사례들은 개혁을 통해서 어떤 형태로든 대학의 수준을 한 단계 올려놓고자 하는 비전이 존재하며 그에 따른 전략 또한 가지고 있다. 전망과 전략은 대학이 처한 상황과 확보 가능한 재원의 규모를 바탕으로 세워졌다. 이런 경향 때문에 성공적인 사례는 하향식의 자발적 추진인 경우가 많았다. 서로 보완적 성격의 대학을 통합해 시너지를 창출하고 세계적 연구대학을 지향하는 맨체스터대, 기업가적 대학을 지향해서 연구와 교육 단위의 자율성과 인센티브를 극대화하여 예산을 확보한 영국의 대학, 학부생의 수요에 맞춘 교육으로 위기를 극복한 일본 대학 등은 좋은 사례들이라고 할 수 있다.

성공적인 개혁 사례들은 대학의 바람직한 구조개혁이 예산을 절약한다기보다 확보 가능한 예산을 효율화하는 것이 중요함을 보여준다. 대학의 비전에 필요한 인력이나 사업의 예산에는 오히려 과거보다 더 적극적으로 투자하여 지향하는 바를 이룰 수 있었다. 그리고 이들은 이를 위한 비전과 방향성을 갖춘 과감한 리더십을 갖추고 있었고 그 리더십은 구성원들이 추진되는 상황을 긍정적으로 바라볼 수 있는 환경을 제공했다.

그리고 성공적인 개혁을 위해서 개혁의 추진방식에 정부가 간섭하는 대신 대학에 최대한 자율성을 부여하면서 구조개혁이 성공적으로 이루어져 연구와 교육 역량이 발전할 경우 연구개발 사업이나 교육 지원을 통해 더욱 큰 성과와 재원 확보로 이루어질 수 있는 제도를 마련하고 있다. 다양한 사례에서 보듯이 대학의 구조개혁은 대학이 처한 사회적 환경과 현재의 문제에 따라 대응해야 한다.

정부의 구조개혁은 사립과 공립이 병행하는 우리나라의 실정에 맞아야 할 것이고 일률적인 방향보다는 해당 대학이 처한 환경과 해당 대학의 사회적 역할에 맞추어 추진되어야 할 것이다.

정부는 기대효과가 큰 구조개혁들에 대해서는 재정적 지원을 해야 하며 평가지표의 획일화를 통해 개성 없는 학교들을 생산할 것이 아니라 학교만의 장점을 찾아 키우려는 노력을 장려할 수 있는 정책을 펼쳐야 할 것이다. 학교 스스로도 정부 평가 대응만이 아니라 학교의 미래와 연결되는 비전과 추진계획이 필요할 것이다.

CHAPTER. 4

대학은 어떻게 나아가야 하는가?

대학 수는 줄이되 질은 높여라 : 정부의 구조조정 정책

　앞에서 살펴본 바와 같이 급격한 학력인구의 감소, 특히 2018년을 기점으로 반전되는 대학입학 정원과 고교졸업생 수의 역전현상은 2024년에 최고조에 달할 전망이다. 이때가 되면 대학입학 정원 58만여 명에 고교졸업자 40여만 명으로, 80% 대학진학률을 가정할 때 40%의 대학이 도산되는 심각한 위기상황을 맞게 될 것으로 보인다. 또한 대학을 지원하는 학생들의 목적의식에 대부분 대학들이 부응하고 있지 못해 대학의 위기는 더욱 가속될 전망으로 보인다.

　현재 우리나라 대학들은 위상과 역할, 교육목표, 기능 등이 혼재되어 있어서 고등교육의 효능을 제대로 발휘하지 못하고 있다. 작금의 대학 정원구조, 학문체계는 사회의 산업수요, 국제적인 환경변화에 따른 인력수급체계와 괴리되어 있어 국가의 경쟁력 및 성장 동력을 창출하는 데 기능을 제대로 발휘하지 못하고 있다. 대부분의 대학들이 유사한 종합대학의 구조를 갖고 있고, 학문 중심적인 학사운영을 하고 있다. 심지어 직업교육에 충실해야 할 전문대조차도 4년제 대학과 대동소이한 학과구조를 갖고 있고, 4년제 대학으로의 변환을 추구해 왔다.

이처럼 기능적으로 분화되지 못한 대학구조는 선진국은 물론, 주변 경쟁국과의 국제경쟁력 비교에서 우위를 점하지 못해 장래 국가의 경쟁력 강화 및 성장 동력 창출에 커다란 장애가 될 것이다. 또한, 대학 교육이 사회의 요구에 부응하는 교육과정을 갖추고 있지 못하며, 정원 구조도 산업계의 인력수요와 일치하지 못하고 있다. 대졸 신입사원의 재교육 및 훈련을 위한 사회적 비용의 증대는 대학교육의 비효율성 문제의 심각성을 여실히 드러내 주고 있다. 대졸 청년 실업률이 높은 이유 중에 하나는 대학의 정원 및 학문체계가 국가의 인력수급체계를 고려하지 않았기 때문이다.

한편, 우리나라 4년제 대학의 78%, 전문대학의 97%가 사립대학으로 재정구조가 매우 취약하다. 우리나라 사립대학의 등록금 의존율은 70%를 상회하고 있어 선진국 대학의 등록금 의존율 35%와 비교하면 재정적으로 교육수요자에게 부담을 강요할 수밖에 없는 구조다. 입학자원이 감소함에 따라 재정적으로 취약한 구조를 안고 있는 사립대학은 이미 재정상태가 악화돼 가고 있으며 이를 극복하는 과정에서 교육적으로 더욱 부실한 상황을 이어가고 있다. 문제는 이러한 부실대학이 이미 상당수 출현하였고 앞으로도 계속 더 늘어날 것이라는 사실이다. 반값 등록금 논쟁으로 시작된 대학 등록금 부담 완화는 궁극적으로 고등교육에 대한 국가재정의 투입으로 귀결될 수밖에 없다.

국가재원의 투입은 고등교육의 질 제고, 국가경쟁력 강화, 미래 성장 동력 창출 등을 위해 대학의 일련의 구조개혁을 요구하고 있다. 즉,

부실한 대학을 정비하고, 대대적이고 지속적인 정원 감축, 대학의 학문체계 변화, 대학의 기능 및 역할 분화 등 단순 구조조정을 넘어서는 상당하고도 획기적인 수준의 구조개혁이 이루어져야 한다는 주장이 나왔다.

　이러한 시기에 정부는 대학 구조조정이라는 카드를 본격적으로 꺼내들고 대학의 수를 줄이고 대학의 질을 높이겠다는 정책을 발표했다. 대학 구조조정은 김영삼 정권 때부터 무분별하게 늘어난 대학들의 질적 수준이 양적 성장을 따라오지 못해 한번쯤은 감행해야 한다는 대학가의 공감대가 형성되었지만 대부분의 대학들이 현재 정부 구조조정 방법에 대해서는 동의하지 못하고 있다. 저마다 지향하는 대학의 모습이 워낙 다른 탓이다. 어떤 대학은 우수한 연구 인력을 육성하고 양질의 연구를 수행해 국가성장을 제공하려고 한다. 다른 대학은 산업현장의 수요를 반영해 직무능력을 갖춘 인력을 시장에 공급하려고 한다. 또 다른 대학은 기초학문의 연구와 교양교육에 힘쓰는 것이 무엇보다 중요하다고 생각한다. 이렇듯 개혁을 통한 변화의 필요성은 다들 공감하고 있지만, 대학의 변화 방향에 대해서는 사회 구성원들 사이에 별다른 논의나 합의 과정이 없었기 때문에 대학 구조조정의 방향성이 일치하고 있지 못하고 있다.

대학의 '경쟁력'과 '질'은 정말 높아질 수 있을까?

최근 정부는 지방대·수도권 대학(CK-I, CK-II사업)의 특성화사업을 통한 당근정책과 대학 구조개혁 평가라는 채찍 정책을 병행하고 있다. 이러한 정부의 정책에 대해 일부에서는 대학의 주의를 환기했다는 점에서 의미가 있다고 주장한다. 이들은 사회의 빠르고 급격한 변화에 대학이 따라오지 못했으나 정부주도의 대학 정책에 따라 대학도 이를 인지하고 개선 노력을 많이 하고 있다고 덧붙였다.

대체로 찬성하는 입장에서는 부실대학과 입학정원의 미달을 강조한다. 한 예를 한양대에서 발행한 '한대신문'의 교수기고에서 찾아볼 수 있다.

그는 "우리나라에서 대학은 사회진출에 있어 필수 관문으로 여겨지며 이에 따라 대학진학률은 80%에 이르지만 높은 대학진학률은 대학의 경쟁률을 낮추는 원인 중 하나이고 이로 인해 대학의 구색만 갖춘 소위 '부실대학'이 나타나고 있다."고 말한다. 또한 "그동안 대학 구조조정의 필요성은 모두가 공감하는 바였지만 대학 자율조정은 별 성과가 없었다. 따라서 정부 차원에서의 개혁이 이루어져야 한다"고 주장한다.

찬성하는 입장들은 현재 일부 지방대학의 경우 입학정원을 채우지 못하고 있는 실정이며 구색만 갖춘 대학들이 졸업장을 남발하는 경우가 허다하다고 말한다. 대학 졸업자 수는 늘어나는 데 비해 양질의 교육을 받은 학생은 적어지고 있다는 것이다. 이런 상황에서 모든 대학이 전체적으로 입학정원을 감축하는 것보다는 경쟁력 있고 질 높은 교육을 제공하는 대학의 인원은 유지하고 부실대학을 퇴출하는 것이 더 합리적일 수 있다고 말한다. 부실대학 퇴출은 사회적으로 낭비되는 비용을 줄이고 대학생들에게 좋은 학업 환경을 제공해주기 위함이라는 것이다.

그들은 대학의 학과통폐합도 비슷한 맥락에서 현실적인 차원의 접근이 필요하다고 말한다. 대학이 재정난을 겪고 있는 상황에서 정원을 채우지 못하고 존재가 모호한 과를 통폐합하는 것은 대학으로서는 어쩔 수 없는 선택이라는 것이다. 또한 대학은 순수학문의 장이기도 하지만 시대의 흐름에 맞춰 사회에 필요한 직업인을 양성하는 곳이기도 하기에 대학의 취업 양성화에 대해 비난할 수만은 없다고 말한다.

결국 찬성하는 입장은 정원감축에 있어 어떤 학과를 통폐합할지에 대한 객관적 기준은 대학평가결과를 따를 수밖에 없다고 말한다. 정부의 대학 구조조정정책과 이에 따른 대학의 학과통폐합 현실을 고려해봤을 때 장기적인 대학발전을 위한 합리적이고 불가피한 선택이기에 정부의 구조조정은 필수불가결이라고 주장한다.

그러나 찬성하는 입장에 대해 비판의 목소리도 만만치 않다. 우선

정부의 대학 구조조정은 양적 규모 축소에만 머물렀다는 비판을 받는다. 대학 특성화사업조차 사실상 정원감축을 유도하려는 목적으로 활용되고 있기 때문이다. 지금까지 시행된 특성화사업은 정원감축 정도에 따라 가산점을 부여한다. 문제는 소수점 차이만으로도 선정 여부가 갈리는 만큼 정원 감축에 따라 부여되는 가산점이 사업 선정에 결정적인 영향을 미친다는 것이다. 정권이 바뀔 때마다 정부는 특성화사업 계획을 추진하고 있지만 대학이 기존에 추진해오던 특성화 분야나 구상하고 있는 특성화 분야를 활성화하기보다는 입학정원을 줄이는 목적으로 추진하고 있다.

한편 정부의 대학 평가가 결과적으로 대학의 획일화를 야기했다는 점도 지적되고 있다. 각 대학의 조건이나 요구와는 상관없이 모두가 정부로부터 같은 평가 기준을 부여받고 있기 때문이다. 정부의 행·재정 지원이 평가 결과에 따라 주어지는 만큼 대학들이 불만이 있어도 정부가 제시한 기준을 거부하기가 어려운 것이 현실이다.

게다가 정부가 제시한 평가 기준의 공정성이나 타당성에 대해 구성원 간 사전에 합의가 이루어지지 않았다는 점도 문제다. 취업률이 평가에서 많은 비중을 차지하자 서일대 문예창작과, 청주대 사회학과 등 예·체능계열 학과와 인문·사회학 등 기초학문 학과부터 정원이 줄어들거나 통·폐합됐다. 재학생 충원율 등에 근거해 평가가 이루어진 결과 정원감축 목표의 80% 이상이 지방대에 몰리면서 수도권과 지역 간 격차도 벌어졌다. 대학과 학생들 사이에서 '기초학문 고사', '지방대 몰락' 아우성이 나오는 까닭이다. 결과적으로 정부가 대학의 특성화와 다양화를 추진하면서 다른 한편으로는 몇 개의 획일적 지표로 대학을 재단하게 됐다고 볼 수 있다.

  정부가 대학 구조조정을 전적으로 이끌어가면서 정책이나 사업이 정치적 영향으로부터 자유롭지 못하다는 것도 지적된다. 정권이 바뀌기만 하면 재정 지원 사업들의 이름부터 바뀌고 평가 방식도 바뀌며 학교도 거기 장단을 맞추느라 피곤하고 정부의 재정 지원이 축적되지도 않는 것이 현실이다. 정부나 장관의 임기 내에 가시적인 성과를 내야 한다는 압박으로 인해 행정 편의주의적인 사업이 추진되기도 한다. CK사업은 공모기간이 두 달밖에 되지 않아 응모를 위한 업무가 과다해지고 대학이 자신의 여건과 사업의 목적 등을 충분히 논의하기 어려웠다는 문제가 제기됐다.

  대학의 위기에서 오는 구조조정은 어쩔 수 없는 선택이라고 판단된다. 하지만 정부는 평가지표를 통한 획일적 구조조정 정책을 시행하고 있다. 정부는 마치 평가를 하면 대학 간 경쟁의 격화로 없던 대학경쟁력이 생겨날 것으로 보는데 이는 무(無)에서 유(有)를 창조하는 것이나 다름없다. 쉽게 말하면 우물가에서 숭늉을 찾는 격이라고 볼 수 있다.

  이는 두 가지 예를 통해서 설명될 수 있다. 먼저 대학평가기준 중 전임교원 확보율이 있다. 전임교원 확보비율이 높을수록 당연히 교육여건은 좋아진다. 그러나 우리나라에서는 전혀 그렇게 작동하지 않는다.

  확보율을 높이기 위해서는 추가적인 인건비가 필요한데 학교법인으로부터 전입금이 들어오는 것도 아니고, 그렇다고 국가가 고등교육보조금을 지급하는 것도 아니다. 그러면 당연히 편법이 등장할 수밖에 없다. 즉 정규직이 아니라 비정규직으로 교원을 채용한다. 정규직을 채용하더라도 반 정규직(신분상으로는 정규직이나 연봉 등 계약조건은 사실상 비정규직에 가까운)을 채용한다. 즉 같은 비용으로 교원을 다수 확보하는 것이다. 교육부도 15%까지 비정규직 전임교원을 교원 확보율에 포함시킬 수 있도록 하고 있다. 이렇게 해서는 대학교육의 질이 높아질 수 없다.

둘째로 전임교원 강의 담당비율이 있다. 이 역시 교육환경을 개선하는 의미가 있다. 그런데 정상적으로 이를 달성하려면 전임교원의 숫자를 늘려서 이들에게 강의를 분산시켜야 한다. 그런데 현실은 그렇게 작동하지 않는다. 전임교원의 책임시수를 늘려서 전임교원 강의 담당비율을 높인다. 교수업적평가에서 강의를 많이 담당할수록 평가결과가 좋게 하도록 하면 바로 달성가능하다. 이렇게 되면 전임교원의 교육이나 연구여건이 더 악화된다. 나아가 죄 없는 시간강사의 자리만 빼앗는 꼴이 된다.

대학 운영비용을 학생들의 등록금에 의존하는 사립대학에서 필연적으로 나타날 수밖에 없는 현상이다. 이게 우리나라의 고등교육 현실이며 더더욱 교육부가 이를 모를 리는 없을 것이다. 이런 모습을 볼 때 대학입학정원을 줄일 수는 있을지 몰라도 절대로 고등교육의 질을 높일 수는 없게 될 것이다.

또한 대학구조조정 정책은 기초학문 분야 및 예체능분야의 몰락 등 고등교육의 전반적인 질적 저하가 나타날 수 있다. 이미 이명박 정부 때부터 경영부실대학평가가 이루어지면서 취업률에서 불리한 지위에 있는 인문학 등 기초학문분야 및 예체능분야는 이미 대학의 사전구조조정을 통해 즉 학과통폐합 등으로 상당히 와해된 상황에 있다.

현재 진행되고 있는 특성화사업과 이에 따른 자체구조조정을 보더라도 재학생 충원율, 취업률 지표는 큰 비중을 차지하고 있다. 박근혜 정부의 대학구조개혁정책은 그 목적을 고등교육의 질과 경쟁력을 제고 하는 데 두고 있다. 그렇지만 현재의 구조조정정책으로는 정원을 감축하는 것은 일부 효과가 있을지 모르겠으나 고등교육의 질과 경쟁력을 높이지는 못한다. 그 이유는 고등교육기관 중에서 사립대학이 전체 대학의 80%를 차지하고 있기 때문이다. 국가의 보조도 없고 대학을 설립한 사립학교법인도 전입금을 내지 못하는 상황이기 때문에 입학정원의 감소는 대학 운영경비의 감소로 연결된다. 우수한 대학이 되려면 우수한 교원을 전제로 하는데 재정이 취약해지면 교육환경은 더 열악해질 수밖에 없다. 일례를 들면 본격적인 구조조정을 앞두고 대부분의 대학들은 평가기준을 맞추기 위해 전임교원 확보율을 높여야 한다. 그런데 사립대학들의 재정이 취약하다 보니 정규직이 아닌 비정규직을 교원으로 채용하게 된다. 연봉으로 보면 2,000~4,000만 원 수준으로 이런 인사정책으로는 대학교육의 질을 높일 수 없다.

이렇듯 정부의 대학 구조조정은 결코 대학의 질 개선으로 연결되지 않는다는 것을 알 수 있었다. 그렇다면 현재 한국의 대학은 교육의 질과 경쟁력을 갖추기 위해 어떤 행동을 취해야 하는 것일까?

해외의 성공적인 사례를 통해서 알아봐야 할 필요가 있다.

해외 대학에서
한국 대학의 미래를 보다

　대학의 위기로 인한 구조조정은 비단 국내 대학만의 관심사는 아니다. 미국뿐만 아니라 유럽 등 주요 선진국에서도 대학 구조조정이 활발하다. 한국의 대학 구조조정과 마찬가지로 이들 국가에서도 대학의 경쟁력을 높이기 위해 각국 정부의 역할이 커졌고 경쟁과 평가, 성과관리를 통한 재정 지원이 활발하게 이뤄지고 있다. 그러나 구체적인 정책의 추진과정에서는 차이를 보인다. 앞서 핀란드의 대학 구조조정은 정부와 대학의 협상을 통한 새로운 구조조정의 가능성을 보여준다. 우리나라의 대학 구조조정 과정에서 갈등이 증폭됐던 가장 큰 이유는 정부가 상명하달식으로 정책을 마련하면 대학은 이를 수동적으로 따라야만 하는 과정이 반복됐기 때문이다. 반면 핀란드 정부는 개별 대학의 요구와 수행 능력 차이를 고려하여 동일한 평가항목을 적용하되 목표 달성치는 대학의 특성과 여건에 따라 유연하게 적용하여 역량에 따른 수행수준을 설정하였다. 이는 대학의 자율적인 구조조정을 적극적으로 유도하였고 그 결과 모든 대학이 성과를 초과 달성하는데 기여

이를 통해 각 지역의 대학은 활성화됐고 졸업 후에도 같은 지역에 머무르는 학생 수가 증가했다. 지역대학이 지역경제에 맞는 적정 기술력을 지닌 인재를 육성하고 지역주민들의 다양한 학업 수요에 부응하자 지역사회와 지역경제가 살아났다.

미국 대학들의 특성화 정책도 한번 눈여겨볼 만하다.[9] 미국대학의 대학특성화는 다른 대학과 구분되는 차별화나 특별성 등으로 인식되고 있다. 마찬가지로 우리나라 또한 이러한 인식을 바탕으로 대학 특성화를 위한 다양한 정책을 시도해오고 있다. 그러나 미국의 경우 우리와는 조금 다른 방식으로 대학의 경쟁력을 강화해 왔다. 이에 대한 설명에 앞서 미국 고등교육의 특성을 우선적으로 이해할 필요가 있다. 즉 미국의 경우 대학교육에 대하여 연방 정부의 역할이 제한적이어서 대학에 대한 획일적인 국가적 정책을 수립해 오지 않았다는 점, 그리고 고등교육에 대하여 일차적인 책임을 갖고 있는 주 정부 역시 대학에 대한 일정 정도의 통제권이 있음에도 기본적으로 대학의 운영에 대한 자율성을 일정 정도 보장하여 왔다는 점을 이해하여야 한다.

따라서 대학들의 경우 일정 정도의 독립적인 대학 운영을 바탕으로 대학이 자체적으로 생존 전략과 발전 전략을 수립하여 현재의 위치에 이르렀다는 것을 주지할 필요가 있다. 이러한 사실들은 미국 대학이 별도의 특성화 정책이나 특성화사업이라는 용어를 사용하지 않으면서도 대학의 개별성과 전문성을 바탕으로 대학이나 대학의 프로그램을 특화시켜 경쟁력을 강화해 왔다는 것을 의미한다.

미국의 대학특성화는 정부의 정책적 지원에 따라 이루어진 것이 아

---

9) 고장완, "미국의 대학 특성화 정책 및 시사점", 교육정책네트워크, 2013.08.10

니라 각 대학 스스로의 발전 전략에 따라 이루어져 왔다. 많은 대학들은 설립이념과 사명을 바탕으로 개별성과 전문성을 강화해 나가는 과정에서 스스로 특성화를 이루어 왔으며, 이 과정에서 자연스럽게 대학 간 기능과 역할 분화가 발생하기도 하였다. 특히 주 정부가 강한 통제권을 갖고 있는 캘리포니아 주의 경우는 고등교육의 효율적 운영을 위하여 대학 간 기능분화를 이루어왔다. 또한, 대학 자체의 발전 노력은 대학구성원의 의지에 따라 중점 분야에 집중 투자를 하거나 지역사회와의 밀접한 연계를 통하여 특성화를 이루어 왔음을 알 수 있다.

이러한 미국의 사례는 우리나라 대학 특성화 정책에 많은 시사점을 줄 수 있다. 특히, 미국의 경우처럼 대학 특성화가 본질적으로 대학 주도의 자발적 특성화를 기본으로 해야 한다고 볼 때 우리나라 대학과 정부 정책에 주는 시사점은 다음과 같다.

먼저 개별 대학의 경우, 특성화를 하고자 하는 대학들은 자신들의 비전과 사명을 재검토하고 이를 바탕으로 교육 프로그램의 다양화와 전문화를 위한 장기적이고 체계적인 발전 전략을 수립하고 운영하여야 할 것이다. 이때 지역사회의 지정학적, 산업적 특성이나 사회문화적 여건을 적극적으로 반영하여 이들과 협력하도록 하여야 할 것이다.

둘째로 비록 개별 대학이 주도적으로 특성화를 실현하고자 하지만 정부 역시 대학들이 특성화를 이룰 수 있도록 적극적인 노력을 기울여야 한다. 우리나라의 경우 지난 1974년 추진된 지방대학특성화사업 이후 최근까지 이어 온 정책들을 보면 모두 정부주도의 특성화 정책이었다. 이는 목표한 성과를 단기간에 달성할 수 있다는 점에서 선호되는 것이나 장기적인 관점에서 볼 때 실질적인 대학의 특성화를 가져오기나 경쟁력을 높이는 데에는 한계가 있다. 따라서 정부는 대학 특성화를 주도적으로 이끌기보다는 대학을 지원하는 방안을 강구하여야 하며, 특히 전체 고등교육 체제의 효율성을 고려한 종합적인 특성화 방안 마련이 필요하다. 때에 따라서는 대학 간 기능과 역할 분담을 과감하게 시행하는 것도 한 방법이 될 것이다.

이들은 외부 환경으로부터 생존하기 위해 대학 자체의 강점을 부각시켜 위기를 극복하고 나아가 세계적으로 유명한 대학으로 발돋움 하고 있다.

구조개혁 시대,
대학이 나아가야 할 방향은? : 특성화

　외국대학의 경험에서 본 바와 같이 정부 정책 등 시시때때로 변화하는 외부의 환경에 끌려 다니지 않기 위해 대학들은 타 대학들과의 차별화를 부각시켜야 한다. 즉 다른 대학들과 차별화를 위해 끊임없이 변화하고 새로운 것을 시도할 수 있는 비전체제를 구축하고 학교만이 자랑할 수 있는 특성화를 구축하는 것이 시급하다.

　현재 대부분의 대학들은 박근혜 정부의 정책 기조에 따라 융·복합을 통한 특성화에 치우쳐 있다. 이러한 특성화는 대학들을 획일화시켜 그 대학만의 강점을 드러내지 못하며 정권이 바뀔 때마다 대학들의 특성화도 바뀌게 되는 아이러니한 상황이 온다. 따라서 각 대학들은 해외의 사례와 같이 미래까지 생존할 수 있는 독특하고 차별화되는 자신들만의 특성화를 찾아야 할 것이다.

대/학/의/M/E/T/A/M/O/R/P/H/O/S/I/S

2부

구조개혁과 특성화 방향

CHAPTER. 5

생존을 위한 방법
: 특성화

왜 특성화인가?

　전문가들은 사회변화 메가트랜드의 영향으로 대학교육 환경은 계속적인 변화와 위기에 직면할 것이라고 이야기한다. 전문가들이 예측하는 대학교육 환경의 변화와 그에 따른 미래 전망은 크게 5가지로 나누어 볼 수 있다.

　첫째, 인구구조의 변화와 학령인구의 감소로 인한 대학 입학자원의 감소와 고령 사회로의 진입에 따른 새로운 유형의 대학교육 수요와 공급구조의 형성이다. 고등교육 시장에서의 공급초과 현상을 야기하는 학령인구 감소로 인해 2013년 이후 대학 입학 자원은 현저하게 감소하였고, 2018년 이후 급격한 충원율 하락을 전망하고 있다. 이러한 급격한 충원율의 하락은 대학의 총 등록금 감소로 인한 재정손실을 야기할 것이다.

　둘째, 과학 기술의 발달 및 융합 기술시대의 도래로 인한 대학의 의미와 캠퍼스 필요성의 변화이다. 미래에는 통신기술의 발달과 디지털 기기의 보급으로 시간적·공간적 제약을 뛰어넘는 학습이 가능하며 원격교육의 수요가 증가할 것이다. 또한, 국경을 초월한 교육 콘텐츠의 개발 및 보급이 확산될 것이다. 이러한 환경 변화로 인해 세계 대학의 절반이 사라질 것이라고 전문가들은 예측하고 있다. 또한 첨단과학기술 분야와 융합기술의 발전으로 대학의 교육 내용, 전공 영역, 연구방법의 변화와 학제 간 통합 교육 및 융·복합 교육과정 운영에 대한 요구가 높아질 것이다.

셋째, 사회·문화적 변화와 교육 수요의 다양화로 인한 다문화권 학생들과 다양한 직업에 도전하기 위한 사람들을 위한 대학교육의 수요 증대이다.

넷째, 국가와 국가 간의 교육 장벽 붕괴로 인한 국경 없는 고등교육 서비스 공급과 해외 대학의 국내 진출 등으로 고등교육의 무한경쟁 시대가 도래할 것이다.

다섯째, 정보·지식·학습 격차로 인한 불평등 심화가 야기될 것이고 대학 교육을 통한 고기술 보유 가능 여부에 대한 관심이 증대될 것이다.

이러한 교육환경변화에 따라 대학은 새로운 공급 구조와 규모를 고려한 지속적인 구조개혁 추진, 특성화를 통한 학제 간 통합적 발전을 유도하는 학문간 융·복합 추진, 대학의 기능 및 역할의 적절한 분화와 역량 중심의 교육 강화, 글로벌 수준에 부응하는 대학운영 및 지원체제 구축 등의 대응 방안을 모색하고 있다.

대학 특성화의
시대적 변천

    대학 특성화는 대학의 발전전략에 부합하고 비교우위에 있는 학문 분야에 집중 투자 및 육성을 통해 대학 경쟁력 강화를 그 목표로 한다.
    정부는 차별성 없는 백화점식 학과의 설치 및 운영, 산업 수요와 인력 공급의 미스매치 등과 같은 현재의 대학 교육이 가지고 있는 문제점의 자율적 개선을 유도하기 위해 대학 특성화 정책을 추진하고 있다.
    우리나라에서 대학 특성화에 대한 논의는 1970년대부터 이루어졌고, 재정의 집중투자와 대학 간 역할 분담을 통해 지방대학의 발전을 유도하기 위한 '지방대학 특성화사업'은 1974년부터 시작되었다. 이 시기의 대학 특성화는 '정부주도 특성화기'로 경제성장에 필요한 산업인력의 양성을 목적으로 정책이 진행되었다. 또한 대학을 지역별로 특성화하여 중점 육성하였으며 지방거점대학별로 국가전략사업 분야를 지정하고 재정을 집중 투자하였다.[10]
    대학 특성화 정책은 1990년 중반부터 본격적으로 추진되었으며

---

10) 박수정, "대학 특성화 사업", 국가기록원, 2014

1995년에 발표된 '5·31 교육개혁안'은 대학의 다양화와 특성화를 고등교육의 새로운 방향으로 제시하였다. 이 시기에는 1996년 정원 자율화 및 대학설립준칙주의 도입으로 대학 정원이나 수의 양적 확대에 따른 질적 수준을 제고하기 위한 대학별·학문분야별 특성화사업이 추진되었다. 또한, 2000년에 들어 정부의 특성화 정책은 '특성화를 위한 대학의 구조개혁'에 초점을 맞추고 대학재정 지원사업과 연계되어 추진되어 왔으며 1단계 BK21사업과 전문대 특성화사업 등을 포함하고 있다.[11] 정부는 '대학특성화사업(CK 사업)' 및 '특성화 전문대학 육성사업'을 2014년부터 본격적으로 추진하고 있으며 '대학특성화사업'을 통해 지역사회의 수요와 특성을 고려한 강점 분야 육성 및 대학 체질 개선을 목표로 하고 있다. 또한 '대학특성화사업'의 추진으로 지방대학의 경쟁력 강화를 통한 지방대학 육성과 학령인구 감소에 따른 대학의 구조개혁을 목표로 하고 있다.

정부는 '대학특성화사업'과 '특성화 전문대학 육성사업'을 통해 5년간 일반대학과 전문대학에 각각 총 1조 2,000억 원을 투자할 계획이다.

'대학특성화사업(CK)' : 학부교육 내실화 및 다양한 학문분야의 활성화를 통해 대학이 창의적 역량을 갖춘 인재를 육성할 수 있도록 지원하는 것이 목적이다. 학사 구조 개편 등의 목적도 수반하고 있다. 대학의 자율적인 특성화 추진을 위해 특성화 철학, 목표, 방향 등은 정부가 제시하나(Top Down) 특성화 분야 및 추진계획은 대학이 스스로 정하게 하고 있다(Bottom Up). 정부는 대학특성화사업을 통해 지역 산업과 지방대학과의 연계를 통한 새로운 부가가치 및 일자리 창출, 지방대학교의

---

11) 서재영, "대학의 다양화 및 특성화", 국가기록원, 2006.

비교우위 학문 분야 집중육성을 통한 수도권 대학에 대한 경쟁력 확보, 인문학 육성 등을 위해 재정을 지원하는 한편, 대학 구조개혁 방안에 따른 정원 감축 등 대학의 체질 개선도 유도하고 있다.

대학특성화사업의 기본방향은 지방대학특성화사업(CK-I)과 수도권대학특성화사업(CK-II) 모두 동일하나, 추진전략에 있어 지방대학특성화사업(CK-I)은 지역 산업체 및 범부처 사업 연계를 추가하고 지역사회 및 산업과의 연계를 강조하고 있다.

[그림 5-1] 일반대학특성화사업 추진 기본방향

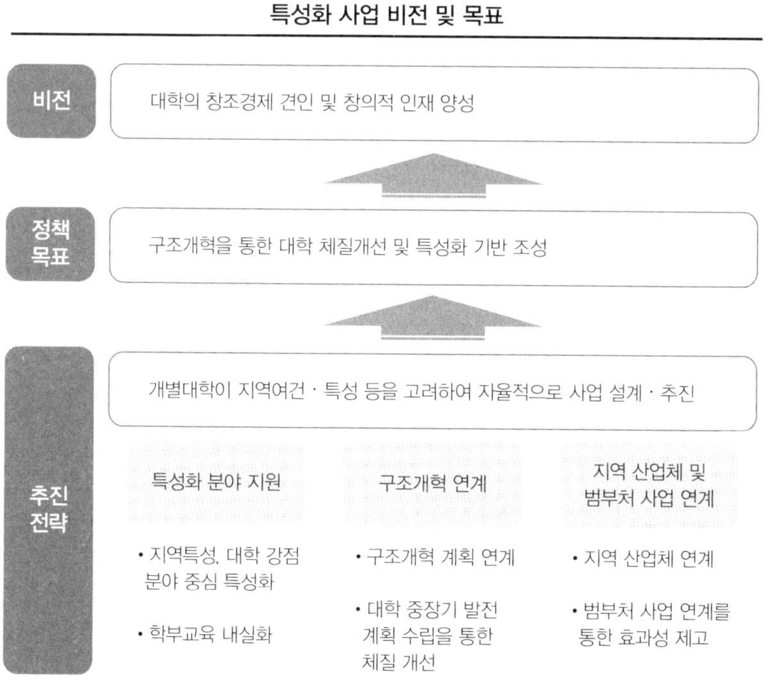

특성화 사업 비전 및 목표

비전	대학의 창조경제 견인 및 창의적 인재 양성
정책 목표	구조개혁을 통한 대학 체질개선 및 특성화 기반 조성
추진 전략	개별대학이 지역여건·특성 등을 고려하여 자율적으로 사업 설계·추진

특성화 분야 지원	구조개혁 연계	지역 산업체 및 범부처 사업 연계
• 지역특성, 대학 강점 분야 중심 특성화 • 학부교육 내실화	• 구조개혁 계획 연계 • 대학 중장기 발전 계획 수립을 통한 체질 개선	• 지역 산업체 연계 • 범부처 사업 연계를 통한 효과성 제고

[출처 : 교육부, 「2014년 지방대학특성화사업 시행계획」 & 「2014년 수도권대학특성화사업 시행 계획」, 2014. 02]

대학특성화사업은 유형에 따라 권역별·분야별·사업단 규모별로 구분된다. 특성화 유형에 있어 수도권 대학과 지방대학 모두 대학 자율 분야, 국가지원 분야에 지원할 수 있으나 지방대학의 경우 추가적으로 지역 전략 분야에도 지원할 수 있다.

[표 5-1] 일반대학특성화사업 유형

구분	대학 자율 분야	국가 지원 분야	지역 전략 분야 (CK-I에만 해당)
내용	• 모든 학문분야에 대해 사율적으로 특성화 분야 지원 • 대학여건/지역특성을 고려	• 인문, 사회, 자연, 예체능 계열 및 국제화 분야 지원 • 학문간 균형발전 및 고등교육 국제화 고려	• 지역산업과 연계한 특성화 분야 지원 • 지역사회의 부가 가치 창출 고려
구성	• 대·중·소형 사업단 구성 • 사업단 수/총 지원액 범위 내에서 자율 선택	• 대학 규모별로 2~4개 사업단 지원 가능 • 지원 대상 별 제한 범위 내에서 자율적 지원 • 국제화 분야는 대학 당 1개만 신청 가능 및 대학원 연계 참여 허용 권역별 2~3개 사업단 선정 예정	• 대학별로 1개 사업단만 신청 가능 • 타대학간 네트워크 (주관대학·협력대학) 신청 가능 • 대학원 연계 참여 허용
사업비 단가	• 대형사업단 20억 이상 • 중형사업단 10~20억원 • 소형사업단 10억원 미만	• 인문/사회/자연/ 예체능 계열 최대 3억원 • 국제화 최대 10억원	• 사업단 지원금액 20억 • 네트워크형 26억

[출처 : 교육부, 「2014년 지방대학특성화사업 시행계획」 & 「2014년 수도권대학특성화사업 시행 계획」, 2014. 02]

'특성화 전문대학 육성사업' : 대학 및 학과별 강점분야에 대한 집중 투자를 통해 특성화 전문대학 100개교를 육성하고 지역연계산업의 핵심 인력을 매년 15만 명씩 양성할 계획으로 추진하고 있다.

정부의 전문대학특성화 정책은 국가·지역 산업이 필요로 하는 전문직업인 집중양성과 자율적 구조개혁을 통한 전문대학의 경쟁력 강화에 초점을 맞추고 있다.

[표 5-2] 전문대학특성화 기본방향

구분	내용
대학 강점분야 중심 특성화	• 지식기반산업 및 창조경제 핵심 직업인재 양성 공급 • 우수 직업인 양성 및 고용률 확대
산업수요 맞춤형 교육과정 (NCS) 운영	• 산업체-전문대학 인력불일치 해소 • 직무수행 완성도 및 현장성 높은 직업인재 양성
현장중심 고등직업교육기관 육성	• 재직자 등 성인학습자의 자유로운 학습권 보장
대학 내부의 자율적 구조 개혁 유도	• 전문대학 교육 경쟁력 강화
전문대학 취업률 향상	• 우수 전문직업인 양성으로 취업률 향상(61%→80%이상) • 고용률 70%달성의 견인차 역할

[출처 : 교육부, 「전문대학 육성방안」, 2013]

특성화 전문대학의 모형은 대학단위 특성화, 복합분야 특성화, 프로그램 특성화, 평생직업 교육대학특성화로 구분된다.

[그림 5-2] 전문대학특성화 모형 특징 비교

지식기반산업 및 창조경제의 핵심 전문직업인 양성

전문대학 특성화 모형

	대학단위 특성화	복합분야 특성화	프로그램 특성화	평생직업 교육대학 특성화
특성화 방향	국가·지역 연계산업 육성 (단일산업)	국가·지역 연계산업 육성	특성화 프로그램 육성	평생고등 직업교육 기관 육성
특성화 단위	대학 전체	대학 전체	대학 전체 또는 특정 프로그램 단위	대학 전체 (비학위/학위과정 통합운영)
신청 자격	단일 주력계열 편제정원 70% 이상	2개 주력계열 편제정원 70% 이상	전 계열	전 계열
육성 목표	20교 내외	44교 내외	20교 내외	16교

[출처 : 교육부, 「전문대학 육성방안」, 2013]

특성화 = 집중화 + 차별화

 우리나라 대학 특성화 정책에서는 특성화를 "대학이 자체적인 발전계획에 따라 타 대학에 비해 비교우위가 있는 대학의 학문영역, 기능유형을 학내·외 의견수렴을 통해 설정하고 구조개혁 등 특성화추진에 요구되는 여건을 조성하여 지역 및 학내의 자원을 집중 혹은 재배분함으로써 대학의 성과를 극대화 시켜 궁극적으로 대학의 경쟁력을 제고하려는 일련의 과정"[12]이라 정의하고 있다. 요약하자면 특성화가 갖는 의미는 특성화된 전문성 있는 대학으로 전환하여 사회 수요에 부응하는 인력양성 체제를 구축하여 대학 경쟁력을 높이는 데 있다고 할 수 있다.

---

12) 고장완, "미래 대학의 특성화 방향", 『대학교육』 제171호, 2011

[표 5-3] 역대 정부가 제시한 대학 특성화의 정의

저자/연도 (인용페이지)	대학 특성화 개념
교육인적자원부 (2005)	• 대학이 자체적인 발전전략을 기초로 비교우위가 있는 기능과 분야에 지역·학내 자원을 집중함으로써, 대학경쟁력을 제고하는 일련의 과정"
교육과학기술부 (2012)	• 대학역량, 지역 여건 등을 고려, 지역 선도, 전략산업, 신성장동력 등 핵심 역량 분야에 산학협력 특성화"
교육부 (2013)	• 고등교육정책은 대학이 자율적으로 비교우위가 있는 학문 분야, 기능 유형 등을 선정하고 지역과 학내의 자원을 집중 배분함으로써 경쟁력을 제고할 수 있도록 함" ※ 특성화 기능 유형(예시) - 대학 : 교수·학습 방법을 특화한 교육중심대학, 지역산업과 연계한 산학협력 특성화 대학, 대학원 중심의 연구중심대학 - 전문대학 : 특정 일자리와 연계한 기관단위 특성화 대학, 복합분야의 산업과 연계한 학과·학부단위 특성화 대학, 평생직업교육대학 - 대학원 : 일반/전문/특수 대학원 종류별 특성화 • 전문대학특성화 : 대학이 자체 발전 계획에 따라 비교우위가 있는 분야를 설정하고, 구조 개혁 등 특성화 추진에 요구되는 여건을 조성하여 자원을 재분배함으로써 현장 선호도가 높은 산업 분야별 우수 전문 인력을 양성하고 궁극적으로 대학 경쟁력 제고"
변영도 (2005)	• 대학이 자체적인 발전 계획에 따라 타 대학에 비해 비교우위가 있는 대학 학문 영역과 기능 유형을 학내외 의견수립을 통해 설정하고, 구조 개혁 등 특성화 추진에 요구되는 여건을 조성하여 지역 및 학내의 자원을 집중 혹은 재분배함으로써 대학의 성과를 극대화시켜 궁극적으로 대학의 경쟁력을 제고 하려는 일련의 과정"
신현석 (2006)	• 대학이 자체적인 발전 계획에 따라 타 대학에 비해 비교우위가 있는 대학의 학문 영역과 기능 유형을 학내외 의견수립을 통해 설정하고, 구조 개혁 등 특성화 추진에 요구되는 여건을 조성하여 지역 및 학내의 자원을 집중 혹은 재분배함으로써 대학의 성과를 극대화시켜 궁극적으로 대학의 경쟁력을 제고하려는 일련의 과정"
최상덕 외 (2008)	• 대학이 학문 분야의 전문화, 대학 기능의 차별화 또는 차별성 있는 프로그램을 통해 대학의 명성 또는 평판을 높여 대학경쟁력을 강화하기 위한 전략적 선택과 실행과정"

[출처 : 한국직업능력개발원, 「대학특성화사업 컨설팅 모형 개발 및 정책 제언」, 2014]

또한, 오영재와 박행모(2003)에 따르면 대학의 특성화란 '대학이 조직의 생존과 경쟁력 강화를 위해, 다른 대학과의 차별성을 강조함으로써 상대적 장점을 발견하고 개발하는 것을 의미'한다라고 정의하고 특성화의 경향을 4가지로 구분하였다.[13]

[표 5-4] 특성화 경향

구분	내용
대학이념의 특성화	대학이 엘리트와 진리탐구를 중시하는 이념에서 학생 및 기업 그리고 지역사회의 요구에 반응하며 산업적 가치와 직업주의를 중시하는 방향으로 그 성격을 바꾸는 것
교육프로그램 특성화	대학은 전통적인 학과와 단과대학 체제를 허물고, 대신에 차별적인 프로그램을 개발하는 등 교육적 틈새시장을 개척하는 것
교육의 질 특성화	지속적인 질 개선과 관리를 위하여 총체적 질 관리체제(TQM)나 인간에의 투자(IIP : Investor in People)와 같은 특성화 정책을 채택하는 것
대학경영방식의 특성화	대학은 능력 있는 리더십을 배양하고, 서비스, 스피드, 질, 생산성을 극대화할 수 있도록 분권적 '네트워크 모델'로 행정조직을 특성화하는 것

[출처 : 오영재·박행모, 지방 사립대학의 특성화 전략과 그 효과에 대한 연구, 「교육행정학연구21」, 한국교육행정학회, 2013]

또한 대학의 특성화는 전반적인 대학의 자원 및 역량을 제고하기 위한 차별화와 특성화 분야를 선정 및 발전시키기 위한 집중화로 구분

---

13) 오영재·박행모, 「지방사립대학의 특성화 전략과 그 효과에 대한 연구」, 한국교육행정학회, 2003

할 수 있으며 차별화와 집중화는 기존 논문이나 보고서에서 각각 수평적 특성화와 수직적 특성화로 소개되었었다.

[그림 5-3] 특성화의 유형 구분

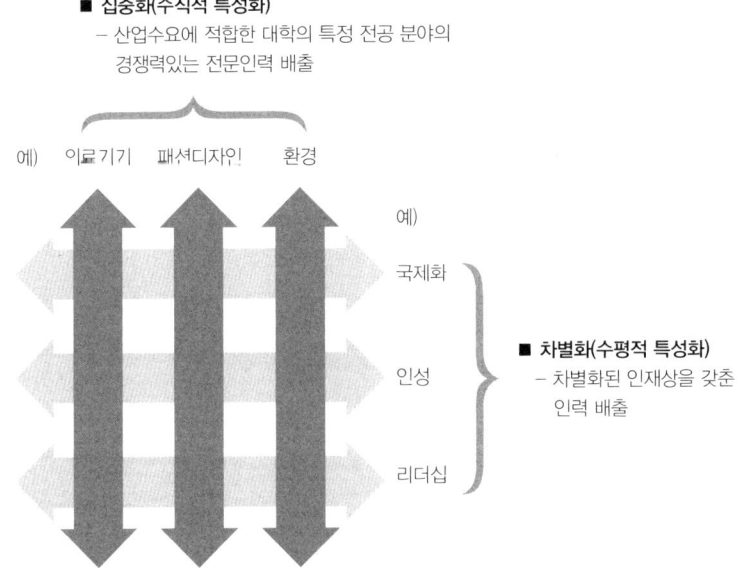

집중화(수직적 특성화) : 집중화는 대학 차원에서 대학의 이름을 빛낼 선도 분야 또는 스타 분야를 선정하고 집중 육성하는 것을 의미한다. 특정 학문분야 혹은 산업에 요구되는 맞춤형 인재를 배출하기 위해 학문 영역을 설정하고 대학의 자원을 해당 영역에 집중하여 대학의 경쟁력을 높이는 과정으로 산업전망, 지역산업 특성, 관련분야 경쟁력 등을 고려하여 진행되어야 한다.

차별화(수평적 특성화) : 수평적 특성화의 정의는 대학의 설립 취지를 달성하기 위한 대학의 모든 교육과정에 녹아있는 전체적인 대학 교육의 방향이다. 대학을 졸업하는 모든 학생들이 갖추어야 할 기본적 소양 및 능력을 강화시키기 위한 일련의 과정으로 대학의 인재상, 졸업생 주요 진출 분야 등을 고려하여 진행되어야 한다.

특성화만이 살길이다

거시적 차원에서 보면 대학 특성화는 지식기반사회로의 변화, 입학자원의 감소, 국가의 균형발전, 인력 미스매치 해소 등의 이유로 필요하다.

첫째, 전 세계의 국가들은 지식기반사회로의 진입에 따라 사람과 지식의 산실인 대학의 특성화를 통해 국가경쟁력을 높여가는 추세이다.

둘째, 입학자원 감소에 따른 생존전략으로 대학의 기능·영역별 특성화를 통해 대학의 질적 개선이 필요하다.

셋째, 국가균형발전의 효율적 추진을 위한 동력으로서 지방대학의 특성화가 필요하다.

넷째, 대졸 인력과 산업체가 요구하는 인력간의 양적·질적 불일치가 국가경쟁력 저해요인으로 대두되고 있고 이러한 문제를 해결하기 위해 특성화를 통한 교육과정 개편이 필요하다.

하지만 정부의 대학정책 변화 및 특성화를 위한 재정지원 확대에도 불구하고 여전히 국내 대학들은 획일적인 전략 수립 등으로 인해 대학 특성화를 통한 경쟁력 향상이 크게 개선되고 있지 않다. 반성식(2002)은 이러한 문제점을 개선하기 위해 특성화 추진 시 대학의 건학이념, 국가 성장산업, 지역 사회 특성 및 산업, 대학 운영 시스템 등을 고려할 필요가 있다고 제시하고 있다.[14]

첫째, 각 대학들의 건학이념을 고려한 분야를 특성화 분야로 집중육성하고, 해당 분야들을 국내 최고 수준 또는 차별성 있는 분야로 특성화해야 한다.

둘째, 사회발전과 관련하여 미래지향적 특성화를 추진하기 위해서는 미래 한국의 성장산업이나 분야를 중점 육성하는 것이 필요하다.

셋째, 지역사회의 산업적 특성이나 사회문화적·지정학적 특성을 반영하여 특성화분야를 설정하고 육성하는 것을 고려해야 한다.

넷째, 대학 구성원의 공감대 형성과 적극적인 참여 의식이 대학 특성화의 핵심성공 요인임을 명심해야 한다.

마지막으로, 대학 스스로 특성화를 추진할 수 있는 여건이 구비되어야 하고, 특성화는 각 대학들이 생존경쟁을 위해 추진되도록 해야 한다.

---

14) 변도영, 「대학 특성화의 개념 및 지표개발에 관한 연구」, 교육인적자원부, 2005. 11

CHAPTER. 6

대학 특성화의 현재 모습

모두 '똑같은' 특성화?

천편일률적 취업 대학 표방

2008년 세계 금융위기 이후, 국가 경제의 장기 불황으로 인해 청년 취업이 심각한 사회 문제로 대두되고 있다. 기업들의 경력직 선호에 의한 신규 채용의 감소와 학력 미스매치로 인해 청년취업은 더욱 어려워졌다. 2015년 4월 현재, 청년층은 1만 7천 명의 인구 감소에도 불구하고 취업자 수가 8만 5천 명 증가하였고 고용률은 전년 동월대비 1.0%p 상승하였다. 하지만 이러한 청년고용의 개선은 대학 재학 및 휴학생을 제외한 순수 고졸자의 취업 증가의 영향일 뿐 전문대졸 이상 청년 취업자 수는 여전히 감소하는 추세이다.

[그림 6-1] 청년취업 증감 현황

주 : 청년은 15~29세 기준. 5개월 이동평균
자료 : 경제활동인구조사 원자료

[출처 : LG경제연구원, 「고졸 취업이 청년 고용 견인한다」, 2015. 03]

통계청에서 발표한 「2015년 4월 고용동향」에 의하면 대졸자 이상 실업자의 수와 실업률은 전년 동월 대비 각각 3만 9천 명, 02%p 증가하였다. 취업난으로 구직을 포기하거나 졸업유예 등으로 인한 비경제활동인구에 포함되는 대졸자의 수를 고려하면 대졸자의 실업 문제는 더욱 심각하다.

이러한 사회적인 현상을 반영하듯 많은 수의 일반대학과 전문대학이 취업 대학을 표방하고 있다. 전국 일반대학 157개교와 전문대학 137교의 대학 비전 키워드 분석 결과 키워드에 취업 관련 내용을 강조하고 있는 대학의 비율은 일반대학의 19.11%와 전문대학의 72.26%를 차지하고 있다.

[그림 6-2] 대학 비전 키워드 구성 현황

(단위 : 수, %)

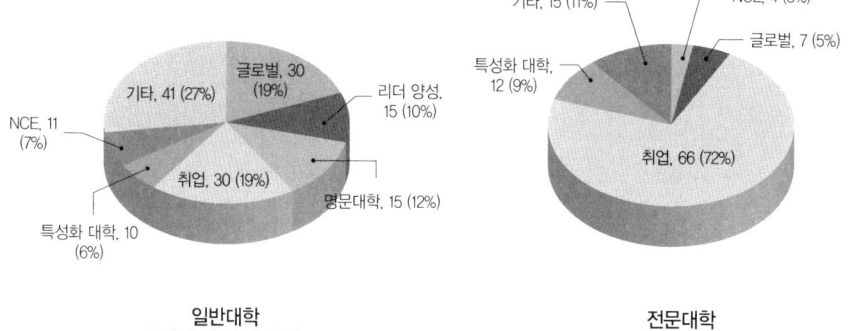

[출처 : 부록, 대학 특성화현황 분석결과]

취업 관련 강조 키워드는 실용·실무중심 교육대학, 전문 직업 교육 대학, 전문 인재 양성, 취업 우수 대학 등의 내용을 포함하고 있다.

[표 6-1] 취업 관련 강조 키워드를 비전에 포함하고 있는 대학 현황

구분	대학명	비전
일반 대학	A대학교	인성과 창의성의 갖춘 미래인재를 양성하는 건실한 대학
	B대학교	지역과 세계로 도전하는 창의적 실용인재 양성 대학
	C대학교	지역의 인재를 창의적인 세계의 인재로 양성하는 대학
	D대학교	미래를 선도하는 창의인재의 요람
	E대학교	실용지식 창조와 글로컬 인재육성
	F대학교	국내최고의 실천공학과 인적자원개발의 창조적 융합대학
	G대학교	사회를 선도하는 역량과 인성을 갖춘 인재양성
	H대학교	실무중심의 글로컬 인재양성의 메카
	I대학교	한계에 도전하는 글로벌 실무교육혁신대학
	J대학교	21세기 국제적 전문 인력 양성
전문 대학	A대학교	지식기반산업 및 창조경제의 명품 전문인력 양성
	B대학교	글로컬 휴먼케어 전문인재 양성대학
	C대학교	국내최고 인성+직업융합교육 대표 대학
	D대학교	현장적응력이 우수한 산업기술인력 양성 최우수대학
	E대학교	세계적 수준의 직업교육 일류 대학
	F대학교	취업이 잘되는 대학
	G대학교	하이브리드 기반 현장 맞춤형 인재양성 취업제일 대학
	H대학교	창조적이고 성실하며 국가사회 발전을 선도하는 우수한 전문직업인 양성

[출처 : 부록, 대학 특성화 현황 발췌]

경기 침체에 따른 취업난의 가중으로 상아탑의 대학이 취업에 집중하는 경향이 짙을 수밖에는 없지만 대학의 본래 목적은 취업이나 기업

을 위한 인력공급이 아니다. 대학의 목적은 진리탐구의 이념에 기초한 학문 연구와 교수 활동이다. 대학 발전계획의 수립은 사회현상과 정부 재정지원사업과의 연계는 물론 대학의 강점, 고유한 특성, 교육 철학을 부각할 수 있도록 수립될 필요가 있다.

너무도 쉬운 글로벌 대학

고등교육의 세계 시장개방으로 인해 국내 우수 인재의 해외 이탈현상과 국제적 경쟁이 심화되고 있다. 이 같은 현상을 극복하고 국내 대학들이 세계의 유수한 대학들과 어깨를 나란히 하기 위한 목적으로 정부와 국내 대학들은 글로벌 전략을 추진하고 있다. 하지만 「한국 고등교육 국제화 정책 진단 및 개선방안 연구」(김미란 외, 2013)에서는 외국유학 수요를 흡수하고 다양한 국제협력 수요에 대응할 수 있는 한국 고등교육의 시장개방 수준과 이에 따른 고등교육 경쟁력은 선진국에 비해 미흡한 실정이라 이야기하고 있다.[15] 국내 일반대학과 전문대학의 발전전략 분석 결과, 글로벌 대학을 지향하는 학교 수의 비율은 157개 일반대학 중 19.11%를, 137개 전문대학 중 5.11%를 차지하고 있다(그림 6-2).

---

15) 김미란 외, 「한국 고등교육 국제화 정책 진단 및 개선방안 연구」, 한국교육개발원, 2013

[표 6-2] 글로벌 지향 대학 현황

구분	대학명	비전
일반 대학	A대학교	세계적 수준의 지식창조 및 학습역량 보유대학
	B대학교	대한민국 제2의 글로벌융합대학
	C대학교	세계로 도약하는 남해안권 선도대학
	D대학교	Connect to World
	E대학교	산학일체교육의 세계일류 대학
	F대학교	지역사회와 함께 세계화를 선도하는 대학
	G대학교	동아시아 중심의 국제화 실현
	H대학교	Ethical Leader, Global University
	I대학교	교육, 연구, 사회적 책무를 수행하는 세계적 선도 대학
	J대학교	창조산업을 선도하는 교육과 연구의 글로벌 스텐다느
전문 대학	A대학교	세계수준의 직업교육 동아시아 거점대학
	B대학교	세계에 도전하는 대학
	C대학교	학생의 가치를 극대화하는 세계 최고수준의 전문대학

[출처 : 부록, 대학 특성화 현황 발췌]

현대 사회에 있어 세계화는 피할 수 없는 추세이고 대학 역시 글로벌화는 피할 수 없다. 하지만 글로벌 대학을 지향하는 많은 대학들이 얼마나 글로벌한가? 하마다 준이치 일본 도쿄대 총장은 제25차 KF 포럼에서 대학의 글로벌화 개념 재정립의 필요성에 대하여 "대학의 글로벌화가 단순히 유학생을 많이 유치하고 재학생을 외국에 보내는 데 치중해서는 곤란하다"라고 이야기했다. 또한 대학의 국제화는 보다 조직

적이고 체계적으로 지원되어야 한다고 주장했다.[16]

김미란(2013)은 자신의 연구에서 국내 대학의 국제화 추진의 문제로는 국제화 비전의 부족, 정부주도의 소극적 국제화, 관련 규정의 미비, 학습 및 생활 지원의 미비, 조직적인 대응의 미비 등을 들고 있다.[17]

첫째, 국제화 비전의 부족 : 국내 대학에서의 국제화는 영어 강의와 같은 외형적인 측면에서만 강조되고 있을 뿐, 대학 차원에서의 국제화 해석을 바탕으로 한 추진 계획 수립이 제대로 이루어지지 않고 있다. 또한 무분별한 유학생 유치로 인해 낮은 수준의 유학생과 국내 학생과의 문화적 마찰이 일어나는 경우도 있다.

둘째, 정부주도의 소극적 국제화 : 국내 대학들의 국제화는 정부주도하에 소극적으로 진행되고 있어 국내 대학의 국제화는 아직 많이 부족한 실정이고 대학의 역량에 따라 국제화 수준의 차이가 크다.

셋째, 관련 규정의 미비 : 정부의 국제화 정책이 '외국인 교원, 유학생 유치, 영어 강좌' 등 양적 성과에만 초점이 맞춰져 있어 질적 전환이 필요하다.

넷째, 학습 및 생활 지원의 미비 : 대학에서의 학습과 생활 지원의 미비로 인해 대학 국제화의 질적 저하를 초래하고 있다.

다섯째, 조직적인 대응의 미비 : 현재 국내의 일반 대학들은 국제 교류를 위한 대학차원의 조직운영이 미흡하여 유학생 유치 및 유학생 졸업 후 관리 분야를 제대로 신경 쓰고 있지 못하고 있다.

---

16) 장제국, "대학 교육의 글로벌화를 위해 극복해야 할 과제-제25차 KF포럼 하마다 준이치 도쿄대학교 총장 강연회", 한국국제교류재단, 2010
17) 김미란, "한국교육개발원 연구보고서-한국 고등교육 국제화 정책진단 및 개선방안 연구", 한국교육개발원, 2013

따라서 대학들은 내부 구성원 간의 비전의 공유, 학습 및 생활 지원의 강화, 대학교육 질의 제고, 적극적인 조직적 대응 등 개선책을 마련해야 한다.

집중화 분야의 획일화

전국 일반대학 157개교와 전문대학 137개교의 대학 집중화 분야 분석 결과, 대학의 집중화 분야가 인기 또는 유망 산업 분야에 치우쳐 있었다.

[그림 6-3] 대학 집중화 분야 현황

(단위 : 수, %)

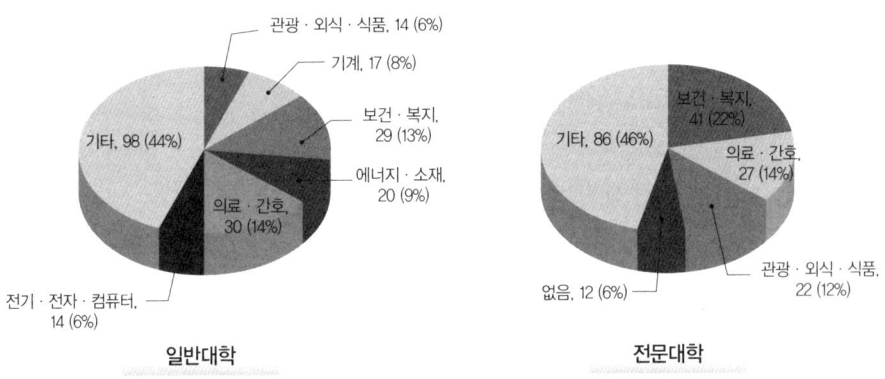

[출처 : 부록, 대학 특성화 현황 분석 결과]

[표 6-3] 대학 집중화 분야 현황

구분	대학 명	집중화 분야
일반대학	A대학교	의료·간호 분야, 공학 전반, 건설시스템공학 분야
	B대학교	그린에너지, 바이오메디컬 분야
	C대학교	간호분야
	D대학교	보건복지, 사회체육, 친환경분야
	E대학교	의료, 의료공학, 제약공학, 임상병리학 분야
	F대학교	사회복지 분야
	G대학교	보건의료 분야, 실버복지 분야
	H대학교	실버산업 분야
	I대학교	바이오 메디컬 분야
	J대학교	장애인 복지 분야
전문대학	A대학교	간호·보건 분야, 노인·장애인 복지 및 몬테소리 교육
	B대학교	지역사회 헬스케어 분야
	C대학교	국제화 분야, 보건·의료 및 서비스 분야
	D대학교	실버케어 분야, 의료 IT분야, 글로벌 헬스케어 분야
	E대학교	간호·보건·복지 분야
	F대학교	보건의료·과학기술 분야
	G대학교	BCHW분야 (Business, Culture, Health, Welfare)
	H대학교	사회서비스 분야 (보건, 외식, 사회복지 등)

[출처 : 부록, 대학 특성화 현황 발췌]

일반대학의 경우, 의료·간호 분야와 보건·복지 분야가 각각 14%와 13%로 높은 비율을 차지하고 있었다. 그 뒤를 이어 에너지·소재, 기계, 관광·외식·식품 분야가 높은 비율을 차지하고 있었다. 전문대학 역시 보건·복지와 의료·간호 분야가 각각 22%와 14%로 높은 비율을 차지하고 있었으며 관광·외식·식품 분야가 그 뒤를 이어 높은 비율을 차지하고 있었다.

의료·간호 및 보건·복지 분야로의 쏠림현상은 인기 있는 산업 또는 유망한 산업으로의 획일화에 다름 아니다. 획일화는 특성화와 충돌하는 개념으로 작용할 수 있다. 그렇기 때문에 대학들은 집중화 분야의 선정에 있어 유행을 쫓지 말고 타 대학과의 비교우위 학문영역을 선정하고 집중 육성해야 한다.

현재 대학 특성화의 문제점

정부의 대학 특성화 지원에도 불구하고 국내 대학들의 노력 부족으로 인해 대학 특성화가 크게 진척되지 않고 있으며, 기타 많은 문제점이 있다. 변도영(2005)에 따르면 대학 간 차별성 없는 백화점식 학과 설치 및 운영, 산업현장의 수요와 유리된 대학교육 등의 문제점이 있다고 이야기한다. 그는 현재 국내 대학의 특성화 문제를 4가지로 설명하고 있다.[18]

첫째, 대학 간 차별성이 없는 백화점식 학과 설치 및 운영으로 인해 대부분 대학들이 유사한 학과 체제와 교육과정을 운영함으로써 각 대학 간 차별화가 부족하다. 또한 후발 대학들이 자신의 대학에 적합한 대학 운영 시스템을 개발하기 보다는 유수 대학의 운영시스템을 모방하고 있다.

둘째, 산업현장의 수요와 유리된 대학교육으로 인한 대학 교육의 현

---

18) 변도영, 「대학 특성화의 개념 및 지표개발에 관한 연구」, 건국대, 2005

장적합성이 부족하며 선택과목 확대 및 전공과목 축소로 학생들의 전공 지식이 미흡하다.

셋째, 사회변화에 뒤떨어진 대학운영시스템은 학내 합의와 전략적 선택에 의한 특성화 분야 집중 육성에 한계가 있다.

넷째, 재정확충을 위해 초과 교육수요 속에서 정원 증가, 학과 신설 등 양적 확대에 치중한 결과 교육의 질적 측면에서의 경쟁력이 약화되었다.

또한 이현청(2005)에 의하면 국내 대학의 특성화 주요 문제점은 크게 3가지다.[19]

첫째, 이공계 중심의 특성화가 중복 추진되고 첨단 분야 및 유망선도 분야에 집중된 특성화 추진으로 인해 유사 분야의 특성화가 양산되었다.

둘째, 대학의 특성화사업 추진이 정부의 정책 발표 이후 단기간에 진행되고 정부의 정책 변경에 따라 기존 사업이 중도 중단 또는 신규 추진됨으로 인해 부실한 경우가 많다.

마지막으로, 개별 재정지원사업 선정에 치중하여 대학 고유의 특성화 구축이 어려우며 특성화 분야 이외의 분야에 대한 재구조화 미흡으로 잡화점식 체제가 유지되고 있다.

이러한 문제점을 개선하고 성공적으로 대학 특성화를 추진하기 위해서는 재정지원 사업평가기준(CK 등)과 연계성을 가지고 대학의 특성화를 찾으면서 대학의 발전전략, 비교우위 분야 및 차별성 있는 분야를 곰곰이 생각해야 할 것이다. 또한 대학 특성화의 목표 설정시 정부 재정자원 사업과 대학 고유의 특성화 분야가 함께 고려되어야 한다.

자세한 사항은 다음 장에서 살펴 보도록 하겠다.

---

19) 이현청, 대학 특성화의 의미와 방향, 『대학교육』 통권 137호, 한국대학교육협의회, 2005

특성화의 성공 요소

차별화 전략 우수 사례 - 차별화가 곧 특성화다

[표 6-4] 차별화 전략 우수 사례

구분	대학명	차별화
일반 대학	A대학교	학업 집중형 실사구시 학풍
	B대학교	실무위주 교육과정 구성, 1년 4학기제 운영
	C대학교	재단(현대중공업)의 강력한 지원을 토대로 한 '일류화 사업'
	D대학교	연구중점의 소수정예 교육지향, 대학원 중심대학
	E대학교	교수 1인1기업제의 우수 산학협력 모델 보유
	F대학교	전교생 영어수업, 복수전공 의무화, 자유전공제
	G대학교	유연하고 탄력적인 인재유형별 교육과정 운영
	H대학교	3+1학사체제(4학년 과정 : 산업체, 해외, 재택 학습 등)
	I대학교	3캠퍼스 단과대학 분리 운영
	J대학교	해양과학분야 연구역량 우수
	K대학교	해외 공동학위 취득, 연구역량우수, 학생취업 지원 및 장학제도 우수
	L대학교	아담스 칼리지를 통한 국제화 전문 인력 양성
	M대학교	참인재 교육혁신 시스템 구축을 통한 교육성과의 질 관리 혁신
	N대학교	산학 융합 교과목과 산학클러스터 교과목을 통한 실사구시 교육과정 운영

	O대학교	G2N3+GL(글로벌 캠퍼스+메디컬 캠퍼스)
	P대학교	Liberal Arts 교육강화와 통일기반 창의·융합교육을 기반으로 하는 창의형 인재양성
	Q대학교	학사·석사 5년제 프로그램을 통한 교육생산성 극대화
	R대학교	SRC를통한 공동체 문화 추구
	S대학교	교육과정 체계화 및 다양화 (BALANCE교양교육, Master전공교육, Fun비교과교육)
	T대학교	기초교양교육대학 Residential College 운영
	U대학교	사회복지 관련 학과만을 개설하여 집중적 복지 분야 인재 양성
	V대학교	'Liberal Arts College'를 기반으로 하는 융·복합 교육 특성화
전문 대학	A대학교	핵심 전문직업인 양성 특성화 브랜드 NICE DREAM 구현 (NICE : NCS Integrated Crative Education)
	B대학교	산학일체형 교육과정 도입 학생주체 ROSE운동으로 인성 및 리더십 강화
	C대학교	스토리기반 챌린징 교육 시스템 구축
	D대학교	창의적 융복합 핵심전문 인력 양성사업 창업관련 캡스톤디자인 중심의 교육과정 개편
	E대학교	4C-4S로 상시 토탈케어를 통해 지역특화 인력양성
	F대학교	평생직업교육 대학 육성을 통해 수요자 맞춤형 직업능력 개발

[출처 : 부록, 대학 특성화 현황 발췌]

현재 전국 대학의 특성화 현황을 살펴보면, 해당 대학의 고유 설립 목적과 취지를 대변하는 차별화 전략을 구성하고 있는 대학을 쉽게 찾아 보기 어렵다. 대부분의 대학들이 실무 중심 교육이나 글로벌 역량 강화에 초점을 맞춘 모습을 볼 수 있다. 이는 급박한 변화의 움직임을 감지한 대학들이 새로운 것을 추구하지 않고 기존에 있었던 모델을 그대로 표방하거나, 정부 정책에 부합하기 위해 단지 보여주기 식 전략을 구성하였기 때문인 것으로 보인다. 또한 정부의 대학 특성화 정책이 올바른 방향으로 흐르지 못했다는 것에 대한 증거이다. 전국에서 해당 대학만의 특색 있고, 잠재력 있는 차별화 전략을 수립하고 있는 대학은 29개 대학이 있었다. 전체 대학 중 약 10%만이 유의미한 차별화 전략을 구성하고 있었다.

　대학의 차별화는 교육의 방식부터 대학의 구성까지 여러 가지 형태로 나타날 수 있다. 차별화 방법이 우수한 몇몇 대학을 살펴본 결과, 대학이 차별화하기 위한 방법으로 다음과 같은 시사점을 얻을 수 있었다.

　첫째로, 해당 대학만의 특색 있는 교육과정을 운영해야 한다. 동남권역 대형 대학교인 C대는 학생들이 산업 수요와 미스매치되는 상황을 해결하기 위해 전문 기술의 심화과정 습득을 위한 교육과정을 구성하였다. 학생들이 취업 전에 해당 분야의 전문기술을 완전 습득 하는 것을 목표로 재단의 지원에 힘입어 심화 연구, 실습이 가능한 인프라를 구축하여 학생들의 역량을 한 단계 끌어 올리도록 했다. 또한 수도권 대학 중 공학계열을 특성화하여 운영하고 있는 G대는 인재를 특성에 따라 구별하고, 해당 인재 유형에 따라 교육내용의 강조 포인트를 다르게 하여, 이수 경로, 이수과정의 성격과 유형을 차별화하여 제공하고 있다. 마찬가지로, 중국어 기반 글로벌 리더 양성을 목표로 하는 P대는 창의·융합 교육 과정을 운영하여 주 전공과 통일 및 통일 이후 대한민국을 주도하기 위한 인재양성을 목표로 '통일 한국 핵심인재 양성 Track'을 운영하고 있다. 이와 같이 특색 있는 교육 과정을 운영하는 것은 하나의 특성화사업으로 자리매김하고 있다. 대학의 정체성을 확보하고 각기 다른 개성을 가지고 있는 교육수요자들의 선택을 받기 위해선, 자기 대학만의 특색 있는 교육과정을 개발하여 타 대학과 차별화해야 한다.

　둘째, 차별화된 교육프로그램을 운영해야 한다. 수도권의 S대는 'Fun한 비교과 프로그램'을 운영하고 있다. 단지 전문 지식 함양과 취업 역량 향상만을 목표로 하여 구성된 타 대학들의 비교과 프로그램과는 달리 교육수요자의 자기계발 증진을 목표로 한 교육기행, 독서인재 양성, 창업아카데미 등 흥미 위주의 프로그램으로 구성하고 있다. 또한 충청권의 대표 우수 대학인 R대는 그동안 실험에 그쳤던 기숙형 대학 프로그램을 해당 대학교만의 방식으로 재탄생시켰다. 진로·인성·나눔 교육을 신입생들에게 필수화시키고, 공동체 의식을 함양하기 위한 신입생 SRC 프로그램을 운영한다. 전문대학 중 수도권 C대는 자신만의 라이프 스토리를 구성하여 해당 목표를 실현하는데 있어서 캡스톤디자인 산학연계, 스페셜리스트 인증프로그램, 취업 로드맵 시스템, 국제 인증 취득 프로그램과 같은 스토리텔링 기반 교육프로그램을 구성하고 있다. 위 사례들과 같이 우수한 교육 프로그램이 해당 대학의 대표 브랜드로 자리매김하는 경우도 있다. 이는 교육수요자들에게 '무엇을 하는 대학'이라는 이미지를 각인시켜 주며, 성공적인 특성화사업을 수행함에 있어서도 매우 중요한 부분이다.

　셋째, 특화된 산학협력 모델을 가지고 있어야 한다. 정부가 산학협력의 중요성을 강조하고 대학의 기술이 창조경제 동력에 기여하길 바라는 와중에서, 우수한 산학협력 모델을 가지고 있는 것은 타 대학과 비교하여 경쟁우위를 선점할 수 있는 방법 중 하나이다. 산학협력 우수 모델로 꼽히는 충청권의 E대는 교수 1인 1기업제를 운영하는 것을 시작으로 성장했다. 기술교육이라는 특성을 살려 교수 1인이 1기업 이상을 담당하게 하는 것을 통해 산학협력의 기틀을 다졌다. 또한 동남권에서 많은 사업단을 유치한 N대는 산학 중점교수들을 집중 교육시켜 산학 융합 과정이 정규과목으로 운영하는 데 차질 없게 준비했으며, 저명한 기업인이 직접 산학클러스터 교과목인 '특허와 창업' 등의 과목을 운영·관리 하게 함으로써 기업 수요 맞춤형 교육의 우수사례로 꼽힌다. 이와 마찬가지로 수도권 공업 특성화 전문대학인 B대는 학생 자치 활동인 지역사회 봉사, 인사 잘하기 운동 등의 'ROSE'를 통해 지역사회에서 훌륭한 호응을 얻었고, 그 호응과 인지도를 발판삼아 해당 지역 특화 산업에 대한 집중형 산학협력을 통해 대학 특성화 역량을 갖추게 되었다. 정부의 산학협력 지원 사업이 활발하게 진행되었지만 허울뿐인 산학협력 체제를 갖추고 있는 대학들이 많이 있다. 대부분의 대학들이 단기적인 성과만을 고집하여 실질적인 시스템을 갖추는 데 어려움을 겪는다. 산학협력이 차별화되기 위해서는 해당 지역과 대학의 특성을 고려한 장기적인 안목 하에 지속적인 투자를 행하여야만 발전할 수 있다.

  넷째, 융·복합 교육을 선도해야 한다. 대학 교육 전반의 구조개혁 필요성이 대두되고 창의성을 중심으로 한 M형 인재상이 부각되면서 대학의 융·복합 교육이 중요해지고 있다. 이에 따라 대학들은 융·복합학과를 내세우고, 융·복합 교육과정을 구성하였다. 하지만 융·복합 교육의 연구가 부족한 탓에 실질적인 융·복합 학문이 존재하는지는 의문이 든다. 단순히 다수의 학문을 합치고, 그 학문 교육과정을 Track으로 운영하는 것은 진정한 의미의 융·복합이 아니다. 현재 많은 대학들은 단순히 취약 학과들을 통폐합하기 위한 방법으로 보여주기 식 융·복합 교육 체제를 구축하고 있다. 올바른 융·복합 교육에 대한 연구가 부족한 상황에서 대학이 특화된 분야의 산업체에서 진정으로 필요한 역량이 무엇인지를 찾고, 해당 역량을 교육하기 위한 융·복합 방법을 찾는 것이 선행되어야 할 것이다. 충청권역 V대는 교양 예술 전문 단과대학을 신설하여 융·복합 교육을 특성화했다. 교육 사회 전반적으로 문제가 되고 있는 인문·예술 계열의 교육을 융·복합의 중심으로 설정하여 기본소양을 갖춘 인재 배출을 목표로 하고 있다. 이제 시작 단계여서 실질적인 성과에 대해 뭐라 말하긴 어렵지만, 인문학 등의 기초 학문이 앞으로 나아가야 할 방향을 제시할 수 있었으면 하는 바람이다. 이와 마찬가지로 수도권 전문대학 중 D대는 국내 몇 없는 창업 특화 대학이다. 창조경제의 가장 큰 화두로 떠오른 창업은 이제 앞으로 대학 교육의 발전을 좌우할 키워드가 되고 있다. 이에 따라 D대는 창업을 대학의 집중 분야로 선정하고, 그에 따른 창업 교육을 실시하고 있다. 시행하고 있는 많은 창업 교육 중에서도 디자인·예술과 창업의 결합 교육은 대표적인 융·복합 교육의 우수모델로 꼽히고 있다. 이와 같이 해당 대학의 집중 분야를 융·복합 교육의 중심축으로 삼아 다른 학문들과 연계하여 진행하는 것은 특성화 중에서도 매우 어렵고, 생소한 분야이다. 하지만 그만큼 타 대학과의 차별성을 더욱 부각시킬 수 있다는 점에서 장점을 지닌다.

그 외에 학사 체제 및 대학 구성 요소를 차별화하는 것 또한 좋은 방법이 될 수 있다. 어차피 실행하여야 할 학사 개편 및 구조개혁이라면 대학 특성과 개성이 부각될 수 있도록 구성하는 것은 좋은 특성화의 방법 중 하나이다. 또한 해당 대학의 특화 분야에 대한 연구를 집중적으로 시행하는 것도 좋은 특성화의 예에 속한다. 대학원 대학에 중점을 두고 대학원 진학을 위한 기초 학문을 교육하는 것 또한 대학의 중요한 역할 중 하나이기 때문이다.

지금까지 현재 대학 특성화 전략 중 타 대학과 차별화된 우수 사례를 살펴봤다. 대학의 차별화 전략은 더욱 다양하고 경쟁력 있게 구성할 수 있음에도 불구하고 좋은 롤모델만을 따라가려고 하는 대학의 특성상 엄두를 내지 못할 뿐이다. 타 대학이 가지고 있지 못한 자기만의 교육과 자기만의 운영 방식이 곧 특성화임에도 대학들은 쉽사리 도전하려고 하지 않는다. 이는 대학이 우선적으로 개선해야할 고질적인 문제이다. 대학 특성화에 대해 대학 관계자들이 가장 첫 번째로 고민해야 할 것은 어떻게 차별화를 시킬 것이냐는 문제이다. 대학은 타 대학과 차별화를 시킴으로서 봉착한 위기를 타개할 수 있는 원동력이 생길 수 있다. 그것이 바로 특성화를 해야 하는 이유이며 살아남을 수 있는 방법인 것이다.

기초 학문의 재발견 - 기초 학문 생존전략

대학의 구조개혁이나 인문학 위기는 이미 오래전부터 사회적으로 거론되었던 부분이다. 대학이 서서히 취업 기관으로 변모를 시도하고 있고, 학생들은 현실적으로 학문 습득보다 취업을 하고자 하는 생각에 대학에 진학한다. 이런 사회적 흐름에 따라 취업률이 낮다는 이유로 인문학을 비롯한 기초 학문은 한동안 외면 받았던 것이 사실이다. 교육부 장관은 인문학적 소양보다 취업이 우선이라는 견해를 지속적으로 밝히고 있다. 현실적으로 취업이 어려운 학생에게 인문학적 소양을 교육하려는 것은 학생들의 교육 수요를 충족시키지 못한다. 물론 인문학은 세계 우수 명문 대학에서 장려하는 것처럼, 인문학을 통해 삶의 지혜를 터득하고 지식기반 시대에 창조적 인재를 키우는데 용이하다. 하지만 교육 수요자들의 선택이 취업 중심 학문으로 편향되어져 있고, 사회가 요구하는 학문의 흐름이 실용적 측면을 강조하고 있기 때문에 인문학 등의 기초학문의 위기는 아주 자연스러운 현상일지도 모른다. 현재 전국 대학 중 인성 및 감성 인재 양성을 Moto로 삼은 대학은 66개, 약 22.5%에 달한다. 하지만 인문학 등의 기초 소양 교육을 차별화한 대학은 전체 대학 중 27개, 약 10.3%밖에 되지 않는다. 어학, 인문학 등의 기초 학문을 해당 대학의 집중 분야로 삼은 대학은 전체 대학 중 8개밖에 없다. 이는 애초에 대학 설립 당시 인성과 지성을 겸비한 인재를 양성하고자 했던 대학들이 사회에 흐름에 따라 기초 학문을 경시하고 있다는 증거다. 기초 학문의 위기가 실체적인 형태를 띠게 된 것이다. 사회가 요구하는 현상은 어쩌면 일시적일지도 모른다. 사회 패러다임은 급속도로 변화하고 있고, 어떤 새로운 이슈의 등장으로 또다시 환경이 변화할지 모르는 상황이다. 기초 학문이 없는 교육생태계는 붕괴될 위험이 다분히 존재하고, 기본 소양이 없는 인재들이 미래 국가를 이끌어나간다는 것은 상상할 수 없는 일이다. 미래를 위해서 지금이라도 기초학문에 대한 관심을 통해 사회 패러다임의 변화 속에서도 꾸준히 생존하기 위한 방법을 찾아야 할 것이다.

[표 6-5] 기초 학문 중심의 차별화 사례

구분	대학 명	차별화
일반 대학	A대학교	기독교 정신의 간호사 양성 전문대학
	B대학교	인문학적 소양교육 강화
	C대학교	기초교육 역량 강화
	D대학교	성서 근본주의적 교육
	E대학교	문제중심 학습법 교육
	F대학교	글로벌 서번트쉽 실천 인재양성
	G대학교	꿈-설계 상담제
	H대학교	통섭형 엘리트 교육 지원 시스템 운영
	I대학교	인성, 창의성, 감수성, 사회성 등 전인재적 교육
	J대학교	통섭형 글로벌리더 인재 양성
	K대학교	참인재 교육혁신 시스템 구축을 통한 교육성과의 질 관리 혁신
	L대학교	학습역량, 인성, 리더십 관련 집중교육을 통한 학생역량 강화
	M대학교	전공연계 봉사활동 강화를 통한 지역화 역량 강화
	N대학교	인간존중 인성 교육과정 강화
	O대학교	전인 교육프로그램을 통한 윤리의식을 갖춘 실천적 지식인 육성
	P대학교	교양교육원 설립을 통한 교양교육 분야 체계화
	Q대학교	SRC를 통한 공동체 문화추구
	R대학교	해외선교, 사회봉사 프로그램 강화를 통한 선교중심 교육 구현
	S대학교	인재상 및 미션실현을 위한 기독관련 교육과정 운영
	T대학교	인성·감성 및 기초전공 강화를 위한 교양체계구축
전문 대학	A대학교	지역사회를 선도하는 행복실천 전문인재 양성
	B대학교	감성적이고 창의적인 융합형 인재양성에 기반한 지역거점 특성화 전략 추구
	C대학교	글로벌 역량과 지역사회 발전에 기여할 수 있는 인성을 동시에 겸비한 인재 양성
	D대학교	인성교육 도입/강화 및 현장체험 중심 실습교육강화
	E대학교	전교생 대상 인성, 어학, 컴퓨터 등의 기본소양 교육 강화

[출처 : 부록, 대학 특성화 현황 발췌]

위 표는 전국에 있는 특성화 추진 대학 중 인성 또는 기초 소양 교육에 대한 차별화 전략을 구성하고 있는 대학들의 현황이다. 기초 학문을 생존시키기 위한 전략으로 우수한 사례들을 살펴보도록 하겠다.

대학차원에서 가장 기본적이면서 중요한 교양교육이 바로 독서와 토론 역량을 배양하는 교육이 아닐까 싶다. 많은 대학들이 쉽게 시도하지만 예상한 만큼의 성과를 얻기란 쉽지 않다. 강력한 종교 재단을 기반으로 한 호남권의 B대는 학생들의 독서와 토론 역량 증진을 위한 후마니타스 장학사업에 많은 재원을 집중적으로 투자하고 있다. 학문계열별 필수 도서를 선정하고 해당 계열의 모든 학생들이 독서를 실행토록 하여, 독서시험·독서토론을 통해 인문학적 소양을 증진한다. 매년 4억 원, 한 사람당 최고 700만 원까지 지급되는 해당 장학 사업은 B대의 자랑거리이며 학생들 만족도 향상에 큰 영향을 주었다.

대경권의 K대는 인재상 자체가 하나의 프로젝트로서 자리매김하고 있다. 대표적 브랜드로 꼽히는 '참 인재 양성 프로젝트'는 미래 인재의 중요한 덕목이 될 창의성, 인성, 공동체성에 대한 참 인재 성장지수를 산출하여 우수한 학생에게 장학금이 지급되도록 하는 시스템을 갖추고 있다. 창의성, 인성, 공동체성에 대한 비교과 교육과정 또는 역량강화 프로그램을 이수함으로써 별점을 획득할 수 있고, 각각의 별점은 해당 학생의 미래 자산이 되어 자신의 정체성을 찾는 데에도 중요한 역할을 할 수 있다.

충청권의 강소대학 중 하나인 T대는 ACE사업에서 아주 우수한 인성 함양 프로그램을 개발했다. 학생 스스로 감성·지성·인성 함양을 유도하는 인문감성 체험교육 '인문감성의 숲'은 기초 소양 교육 및 교양수업은 학점 이수 과정일 뿐이라는 인식에서 벗어나 학점 없이 학생들의 자발적인 참여가 이루어지도록 동아리 형태를 구성하고 튜·티칭을 통해 학생들의 관심을 유도하였으며, 감성·지성·인성 각각의 흥미 위주 프로그램을 구성하고 해당 프로그램을 수료하면 창의인재 활동 증명을 발급하여 인증하고 있다. 학생이 받고자 하는 교육을 원하는 사람과 함께 수료하며 인문감성을 배양하도록 하는 해당 프로그램은 ACE사업에서도 우수한 교육 프로그램 중 하나로 꼽히며 타 대학과 차별화된 인성 교육 프로그램으로 T대학만의 독특한 브랜드로 자리매김했다.

대경권 전문대학 중 D대는 기본 교육 방침이 직업과 윤리의 융합교육을 지향하고 있다. 이에 따라 전문대학으로서는 특별하게 인성학부를 구성하여 운영하고 있고, 인성교육 로드맵을 학생 맞춤형으로 제시하는 특성화를 추진하고 있다. 인문학적 소양과 감성·인성 중심의 실무형 융·복합 교육과정으로 향후 인문학적 소양교육이 미흡한 전문대학들의 좋은 롤모델이 될 수 있다.

현재 정부는 인문학 위기를 해결하기 위해 2,000억 원의 추가 지원을 행하기로 결정했다. 지금 당장 사회 수요에는 부합하지 않지만 우리 사회에서 인문학의 중요성을 충분히 인식하고 있는 듯하다. 하지만 이처럼 단순한 재정 지원 정책은 큰 효과를 보기 힘들 것이다. 현재 상황을 유지하려고 하는 안일한 태도는 그 어떤 학문이라도 도태되기 마련이다. 기초학문이 생존을 위해선 변화의 바람을 정면으로 마주하여야 하고, 학문 정체성을 해치지 않는 선에서 끊임없는 변화에 대한 방향을 물색해야 한다.

지금까지 현재 진행 중인 기초 학문에 대한 특성화 전략, 그 중에서도 타 대학들의 우수사례를 중심으로 다루어 보았다. 하지만 앞서 설명하였듯이 특성화에서 중요한 것은 타 대학과의 차별성을 강조하는 것이기 때문에 무조건적인 모방은 좋지 않은 결과로 나타나기 마련이다. 중요한 것은 우리 대학만의 정체성을 찾고, 그 정체성에 부합하는 인재상을 실현하기 위한 노력이다. 그 안에서 기초학문을 강조해야 한다면 과감하게 시도하는 것 또한 좋은 선택이라고 할 수 있다. 모든 대학이 실용학문으로의 집중만 생각할 때 기초학문을 강조하는 것은 타 대학과 차별화 할 수 있는 전략이기 때문이다.

학제 개편을 통한 대학 구조의 차별화

교육이나 학문 분야를 차별화하는 것 외에도 대학의 학사제도와 학사구조를 차별화하여 특색 있는 대학 구조를 가지고 있는 대학들이 있다. 대학 고유의 학사제도를 개발하여 운영하는 것은 그 대학만의 고유한 교육 방식이라는 점에서 교육 소비자에게 부각될 수 있고, 필연적인 구조개혁 정책에 따라 정원감축을 피할 수 없는 상황이라면 대학 고유의 색깔을 표현하기 위한 방법으로 활용해야 한다.

호남권 H대는 3+1학사체제를 운영하고 있다. 3+1학사체제란 3학년까지는 해당 전공에 대한 기초 학문 습득에 주안점을 두어 교육을 진행하고, 4학년은 오로지 산업체 현장실습, 해외 인턴, 재택 학습 등의 실용 위주 학문을 중점적으로 습득하게 하는 제도로서 실무 인재 양성을 목표로 하는 대학의 특성에 부합하는 학사제도다. 또한 수도권 Q

대는 학·석사 5년제 프로그램의 선두주자로 타 대학과 차별화되고 세분화된 교육과정을 통해 교육 생산성을 극대화 하려는 노력을 하고 있다. 이렇듯 학사제도를 사회 수요와 대학 역량에 부합하도록 개편하여 운영하는 것은 대학의 교육 목표를 쉽게 이루도록 하고, 대학 체질 개선의 또 다른 형태로 접근하는 방법이다.

정부의 대학 구조개혁 정책을 통해 정원감축을 시행함에 있어서 단순히 모든 학과의 정원을 일괄적으로 축소시키는 방법은 특성화에 부합하지 않는다. 현재 많은 대학들은 단순히 정원을 감축하여 실효성 없는 구조개혁을 실행하거나, 자체적인 경쟁력 평가를 통해 비인기 양 학과에 대한 무조건적인 통폐합을 진행하고 있는 것이 현실이다. 이는 대학의 실질적인 체질개선을 유도하지 못할뿐더러 정부 정책의 진정한 의미와도 부합하지 않는 모습이다. 충청권의 대표적인 우수 특성화 대학인 L대는 학사구조 개편과 체질 개선을 선도하는 대학으로 정부의 기대를 한 몸에 받고 있는 대학이다. 구조개혁의 목소리가 처음 나왔을 때부터 선도적으로 단과대학체제를 개편하여 L대만의 특성 있는 단과대학을 구성하였다. 특히 국제화 우수 인력 양성을 교육 목표로 설정함에 따라 신설된 국제화 전문 단과대학은 대학의 특성을 더욱 돋보이게 하는 역할을 하였으며, 대학의 정체성을 교육수요자들에게도 전달하는 역할을 했다. 또한 유서 깊은 역사를 자랑하는 Z대는 명망 높은 졸업생 또는 설립 관계자의 이름에 따라 단과대학을 구성하였다. 무엇을 교육하고자 하고, 목표로 하는 것이 무엇인지 한눈에 알 수 있고, 교육수요자들의 대학 인지도가 향상되었다.

이렇듯 해당 대학만의 고유한 단과대학체제의 개편은 실질적으로 구조개혁의 명분을 제공하고 이해관계자들의 합의점을 끌어낼 수 있다는 점에서 가장 큰 장점을 갖는다. 어차피 실행하여야 할 체질 개선이라면 특성화의 한 방법으로 적용하는 것이 좋은 활용법일 것이다.

특성화 차별에 성공한 대학들

> 사례 1.
> 대학 간 통합과 비교우위 학문분야 특성화를 통한 명문대학으로의 도약

수도권에 위치한 A대학은 '2020년 명문대학으로 도약'이라는 목표를 수립하고, 이에 따라 대학의 경쟁력 강화 및 체질개선을 목적으로 대학 간 통합, 전공교육과정 개편, 비교우위 학문 분야에 기반한 특성화 등을 통해 빠르게 특성화 명문대학으로 성장하고 있다. 지난 2년여간 대학 내부 관계자들의 꾸준한 노력과 합의를 통해 성공적인 대학 체질개선을 이루었으며, 그 결과 '2014년 대학 특성화사업'에서 쾌거를 이루었다.

A대학의 대학 경쟁력 강화를 위한 첫걸음은 대학 간 통합이었다. 과거 7년에 걸쳐, 2개의 일반대학과 2개의 전문대학을 하나의 일반대학으로 통합하였으며 이는 국내 4년제 사립대학 간 통합의 첫 번째 사례이다. 이러한 학교 통합을 통해 A대학은 대학 규모면에서도 초대형 대

학으로 변모하였으나 전체 입학정원은 통합 이전보다 약 60% 감소하였다.[20] 학생 수의 감소로 인한 학생 등록금 감소는 사립대학의 재정에 있어 큰 손실을 야기하지만 대학의 질 강화를 통한 경쟁력 확보를 목표로 대학의 통합을 시도하였다.

A대학은 대학의 통합이라는 외형적 변화 이외에 내적 변화를 위해 전공교육과정의 전면 개편을 시도하였다. 수요자 중심의 교육과정 개편을 위해 대대적인 투자를 하였으며, 이 과정에서 429과목의 변경, 380과목의 신설, 572과목의 폐지가 이루어졌다. 또한 2014년부터 전공과목 코드 쉐어링을 통해 학과에 관계없이 누구나 원하는 교과목을 수강할 수 있게 하였으며 복수전공, 부전공, 연계전공 중 하나를 의무화하도록 하였다. 대부분의 많은 대학들의 경우, 학과의 통·폐합이 이루어진 후에도 과목명만 변경하여 운영할 뿐 특성화를 염두에 둔 교육과정의 개편은 잘 이루어지지 않는 실정이다. 교육과정의 개편 없이 학문의 융합 또는 학과의 통합이 이루어졌다고 이야기할 수 있을까? 이러한 A대학의 교육과정 개편 사례는 타 대학 역시 한번쯤 고민해 볼 필요가 있다.

또한 A대학은 경쟁력 강화를 위해 비교 우위 학문분야 특성화 기반 마련에 힘썼다. 대학의 자율적인 특성화 추진을 위해 특성화 분야는 대학 본부에서 제시하나(Top Down) 세부적인 특성화 추진계획은 학과/단과대학이 스스로 정하게 하였다(Bottom Up). 대학 본부 차원에서 대학 특성화 계획과 학과평가 결과에 근거하여 특성화 분야를 제시하였으며 학과/단과대별로 사업계획서가 제안되었다. 또한 특성화 사업단

---

[20] 한국대학신문, "수도권 특성화 명문으로 자리매김", 2014.12.15

선정을 위해 과거 특성화 추진 실적, 선택과 집중을 통한 인프라 결합 시너지, 성장산업과의 연관성, 학과의 대외 비교 경쟁력 등이 선정 기준으로 검토되었다. 이러한 노력을 통해 연구 분야와 국가 성장동력 분야에 적합하고 타 사업단 대비 비교 우위 경쟁력을 갖는 6개의 사업단을 구성하였고, '2014년 대학 특성화사업'에서 좋은 성과를 거두었다.

> 사례 2.
> 지역 산학협력 강화를 통한 대학 특성화 강자

지방에 위치한 B대학은 최근 교육부 재정지원사업인 '지방대학 특성화(CK-1)사업'에서 총 7개의 사업단이 선정되어 향후 5년간 최대 245억 원을 지원받는 쾌거를 이루어 냈다. 이러한 좋은 성과를 거두기 위해 B대학은 대학 본부 차원에서 지역 사회와 연계한 '산학협력 특성화'라는 목표를 수립하고 'CK-I' 사업을 위해 체계적으로 준비해 왔다.

B대학은 대학의 발전 목표인 '수요자 중심 실용교육 체제 완성'을 반영하여 '산학협력 특성화'를 대학 특성화 목표로 수립하였다. 또한 대학 발전전략과 특성화 전략에 부합하는 특성화 분야 및 사업단의 선정을 위해 대학 본부 차원에서 대학 발전계획, 지역 산업과 학과 경쟁력 평가에 근거하여 '기계 및 건축 핵심설계산업', 'ICT 산업', 'S/W융합산업', 'Well-Life 산업', '국제해양 교류/문화산업'의 5대 특성화 분야를 도출하였고 '대학 구조개혁', '교육 혁신', '지역산학협력 활성화'를 특성화 전략으로 수립하였다. 이러한 '산학협력 특성화'를 통해 B대학

은 지역의 연고 산업과 연계한 새로운 부가가치·일자리·성장동력을 만들고, 지역주민과 함께하는 지역사회 문화 창출 등을 이끌어 내고자 노력하고 있다. 또한 산학협력 강화 정책의 일환으로 각 사업단 내에 산학·대외 협력팀을 배치하여 운영하고 있다. 이러한 노력으로 산학협력을 선도하는 우수모델로서 LINC사업까지 수주하게 되는 쾌거를 이루었다.

B대학은 차별화된 특성화 교육을 위해 특성화 융합 교육과정의 운영에도 힘쓰고 있다.[21] B대학은 사업단 내 학과가 융합하여 공동의 교육목표, 교육과정(복수, 연계전공), 학위과정(융합전공) 등을 신설하고 산·관·학이 실무적으로 연계할 수 있는 전문성과 통합성을 겸비한 창의적 융합교육을 실시하려 계획하고 있다. 또한 지역 기업들이 원하는 인성과 지식을 겸비한 인재의 양성을 위해 경진대회, 지역 산업체와 함께 사업화하는 프로젝트 수행 등의 프로그램을 운영하고 있으며 산학협력 강화의 일환으로 장기 인턴십 참여 기업의 맞춤형 인재 취업제도, 산학협력중점교수를 통한 산학협력 수요 발굴 등을 위해 노력하고 있다.

사례 3.
대학 자체 사업단 운영을 통한 특성화교육 기반 구축 대학

지방 C대학은 대학의 현황분석 및 진단을 통해 대학의 비전을 실현

---

21) 한국대학신문, "차별화산학실용교육명문부상", 2015.12.15

하기 위해 양대 캠퍼스 특성화 전략을 수립하였다. 제1캠퍼스의 경우, 비교 우위 학문분야인 의료공학 분야의 '학문분야 특성화' 전략을, 제2캠퍼스는 지역사회와의 연계를 통한 '교육방법 특성화' 전략을 수립하여 사업단을 구성하였다. 이 결과, 지난 '대학 특성화사업' 결과 신청 7개 사업단이 전부 선정되는 성과를 거둘 수 있었다.

하지만 C대학의 특성화 노력은 여기서 그치지 않았다. 대학 내 특성화 기반 구축 및 학과와 대학의 경쟁력 강화와 체질 개선을 목적으로 지난 해 9월부터 대학 주도의 대학 자체 특성화 사업을 시작했다.[22] 대학 자체 특성화 사업을 통해 특성화 사업단을 선정하고 지원할 계획이다. 즉 교내 경쟁 선정 사업단 중 CK-I 미선정 사업단과 교내경쟁 미선정 사업단 중 상위 20% 사업단에 대해 자체평가 후 교비 일정액을 지원할 예정이다. 또한 교내경쟁 미선정 사업단 중 상위 20%를 제외한 사업단에 대해서는 특성화 전략 수정 등의 노력을 통해 대학 내 균형적인 특성화 기반을 갖추고 학과 경쟁력을 강화할 예정이다. C대학의 총장은 한국대학신문과의 인터뷰에서 "교육부 특성화 사업에 100% 선정되면서 우리나라를 대표하는 특성화 대학으로 자리 잡았으나 여기서 안주해서는 안 된다고 생각했기에 대학 자체 특성화 사업을 시작하게 되었으며, 총 15개의 특성화 사업을 통해 우리 대학의 특성화교육 사례가 대한민국 대표모델이 될 수 있도록 하겠다"라고 말했다.

---

22) 한국대학신문, "CK사업 7관왕에 자체 K-CK선정까지 '특성화 롤모델'", 2014.12.29

사례 4.
'프로젝트 교육·주문식 교육' 통해 글로벌 장인 육성

  수도권에 위치한 D대학교는 '몸에 지닌 작은 기술이 천만금의 재산보다 낫다'는 교시에 따라 학생들 스스로 철저한 전문성을 기를 수 있도록 가르치는 서울지역 유일의 공학계열 특성화를 추구하고 있다. 2012년도에 정식 교명을 바꾼 이 대학은 오랜 대학 운영을 통해 쌓은 노하우를 국가직무능력표준(NCS)에 적용해 학생들의 취업률을 수도권 최고로 끌어올리는 데 성공했다. 국가의 산업화 정책에 따라 기계와 전기전자, 건축과로 기반을 다진 이 대학은 글로벌 산업화에 발맞춰 유통과 로봇, 자동화시스템 등 서비스 산업과 첨단기술로 영역을 확대해 지금은 명실공히 직업교육 산실의 대학으로 자리매김했다. 6개 학부 21개과 가운데 경영학부의 유통, 마케팅학과와 로봇자동화공학부의 자동차시스템과·로봇시스템과는 다른 대학에 비해 독보적인 성과를 나타내고 있다.

  특화된 교육과정과 국제교류 프로그램 등 축적된 교육 노하우를 바탕으로 D대가 정착시킨 대표적 교육과정은 '프로젝트식'과 '주문식'이다. 물론 이들 교육은 산업현장에 바로 접목할 수 있도록 NCS에 기반을 두고 있다. 프로젝트식 교육은 학생이 자율적으로 산업현장에서 필요한 작품을 설계하고 만들어보는 체험 위주의 교육방식으로, 성취동기를 고양하도록 기획됐다. 학생들은 이 교육과정을 통해 졸업 후 산업현장에서 수행하게 될 많은 프로젝트에서 빠른 실무능력을 발휘하고 있다.

이 교육과정은 튜터링(Tutoring) 전공동아리 전시회 및 경진대회 'D엑스포' 참여로 나뉜다. 튜터링은 기초학습능력을 향상시키기 위한 프로그램이다. 학생들은 튜터링을 통해 기초학습능력을 다진 뒤 전공수업에서 작품을 기획·설계·제작해보면서 학과별 전시회나 교내외에서 진행되는 각종 경진대회에 출품하거나 직접 대회를 열기도 한다. 이 과정에서 부족한 부분은 전공동아리에서 선배들로부터 심화학습을 받는다. 이런 과정을 거쳐 졸업을 하는 학생들은 모두 'D엑스포'라고 불리는 졸업작품전에 자신의 작품을 출품해야 한다. 졸업 작품은 '한국전자산업대전'에 출품된다. 전공동아리는 학과별로 개설돼 있고, 대학 측은 작품 제작 공간과 경비를 지원하고 있다.

이 학교의 다른 특화 프로그램은 '주문식 교육과정'이다. 주문식 교육은 말 그대로 기업체의 주문에 따라 대학에서 해당 기업이 요구하는 인재를 길러내는 과정이다. 이는 산학협력의 획기적인 모델 중 하나다. D대는 최근 S백화점과 유통전문가 육성을 위한 산학협력을 체결하고 S백화점 유통전문가 과정에 필요한 필수과목 2개와 2학년 정규과목을 개설해 실무를 겸비한 맞춤형 인재를 키우고 있다.

이외에 D대는 '입학에서 취업 및 졸업 후까지 책임교육'을 위한 적성검사와 학교생활 안내를 철저히 하고, 진로지도 시간제와 전담 지도교수제도를 활용하고 있다. 이와 같이 특색 있는 교육 과정을 운영하는 것은 하나의 특성화 사업으로 자리매김하고 있다. 대학의 알맞은 정체성을 확보하고, 각기 다른 개성을 가지고 있는 교육수요자들의 선택을 받기 위해선 자기 대학만의 특색 있는 교육과정을 개발하여 타 대학과 차별화해야 한다.

사례 5.
실용학과 육성으로 지방대학의 한계를 넘는다

충남에 위치하고 있는 E대는 인성을 겸비한 전문직업인 양성을 가장 큰 교육목표로 삼고 전문대학의 특성화를 추진하여 5년 연속 취업률 95%를 상회하는 성과를 거두고 있다. E대는 이 같은 성과를 더욱 발전시키기 위해 학생 중심으로 대학 체제를 혁신하고 인성과 실용 중심으로 교육과정을 개편하며 효율적인 운영을 하고 있다. 특히 직업진로개발과 취업활동 지원, 학생 편의시설 확충 등을 통해 글로벌 인재양성 교육에 주력, 전국 최고의 교육메카로 자리매김한다는 계획을 추진하고 있다.

E대는 초반 아산만 대단위 산업체 및 충청도에 위치한 기업들과의 산학협력을 통한 맞춤식 교육을 가지기 위해 노력을 했지만 이공계열 특화라는 특색 없는 비전으로 많은 어려움에 봉착했다. 따라서 E대는 경쟁력강화 및 대학 브랜드 가치창출 및 우수한 교육인프라 구축을 위한 방안으로 경쟁력 있는 학과를 실용학과로 선정, 집중지원 및 투자를 함으로써 타 대학과의 차별화된 맞춤식 인재양성에 힘을 기울였다.

이를 통해 E대는 미용예술계열, 치위생과, 이공계열 안의 제철산업과를 특성화 분야로 지정하고 현장경험이 풍부한 교수진과 우수한 교육과정, 그리고 최고의 교육시설로 전국제일의 미용, 간호, 철강 관련 전문교육기관으로 자리잡아가고 있다.

첫 번째 특성화학과에 선정된 미용예술계열은 국제CIDESCO협회 및 영국국가 자격인 ITEC으로부터 국제 피부미용교육기관으로 인증을 받아 졸업과 동시에 국제자격 취득이 가능하도록 만들었으며 기초에서부터 새로운 트렌드까지 체계적인 교육과정을 구성하였다. 또한 현장적응력 강화를 위한 10명 단위의 소그룹 담당 교수제 및 팀티칭을 통해 차별화된 커리큘럼으로 국제적 경쟁력에 도전하여 3년 연속 90%가 넘는 취업률의 신화를 기록하고 있다.

두 번째 제철산업과는 E대만의 자랑이라고 볼 수 있다. 많은 타 전문대학들이 기업과의 협약학과를 운영하고 있지만 제철분야로 협약을 맺은 대학은 거의 없는 상황이다. 제철분야가 3D업종이라는 인식 때문에 취업기피현상이 나타나자, 관련 학과가 속속 사라지고 있기 때문이다.

그럼에도 E대학 제철산업과가 뛰어난 이유는 굴지의 대기업인 H제철과 공동으로 교육과정을 운영하여 제철산업과는 졸업할 경우 H제철에 정규직 사원으로 채용이 보장되기 때문이다. 따라서 제철산업학과는 불과 2년 만에 30대 1이 넘는 높은 경쟁률을 나타내며, 우수한 학생들이 대거 몰리고 있다. 제철산업계열은 산업체와 대학, 그리고 지차체를 비롯한 지역사회가 상생하는 모델로서 자리매김하고 있다.

더불어 최고의 교육 인프라를 자랑하는 자동차계열, 해병대를 비롯한 각 군부 사관으로 임관할 수 있는 전문사관과, 그리고 간호과와 물리치료과, 치위생과, 작업 치료과와 같은 보건계 학과 등은 높은 취업률과 함께 특색있는 교육과정을 운영하고 있다.

앞서 본 바와 같이 E대는 '입학에서 취업까지'라는 슬로건으로 수요자 중심, 지역사회 중심, 취업교육 중심의 교육여건 조성 및 변화를 통해 무한책임 교육을 추구하고 이를 위해 '우수한 학생'을 선발하여 '우수한 교육 인프라'를 통한 '우수한 인재'를 육성하는데 최선을 다하고 있다. 백화점식 학과 개설을 지양하고, 이른바 실용학과 위주의 특성화학과 육성을 통해 현장 적응력을 갖춘 우수인력을 배출하여 취업률이 매년 90%이상에 육박하고 있다.

E대의 이러한 성장 배경 속에는 수요자 중심의 교육이념이 있기 때문이다. E대는 교육·연구·행정의 전 방위 정보화를 위해 학사지원센터, 종합인력개발센터 등을 신설, 입학, 학적, 수업, 교무, 취업, 장학업무 등의 통합운영을 통한 고객과의 One-Stop 서비스를 제공하고 있으며 전자결재시스템 정착으로 불필요한 행정서류의 간소화 및 업무절차 개선 등 수요자 중심의 서비스를 제공하고 있다.

또 E대는 연구기반시설이 우수한 지방대학 중 상위권에 올라있다. 2010년도에는 15억 원을 투자, 각 실습실 리모델링을 통해 실무형 실습실을 구축하였고 어학실 개선, 전자교탁, 전 강의실의 첨단화 등 최첨단 교육환경을 개선하고 있다.

특히 학과별 특성화 전략을 바탕으로 산학협력에 남다른 공을 들이고 있다. 기업이 요구하는 맞춤형 전문 인력양성이 곧 전문대학의 생존이라는 판단 때문이다. 현재 수도권지역 및 충청지역 120여개의 산업체와 산학협력 체제를 구축하고 다양한 산학협력사업을 전개하고 있다. 그 결과 중소기업기술지도대학으로 선정, 중소기업들의 기술경영의 문제점을 지도하고 있다. 또한 산학협력취업약정제사업을 통해 기업에서는 장학금을 지원하고 대학에서는 맞춤형 인재를 양성, 졸업과 동시에 취업이 보장되고 있다. 이런 산학협력의 활성화는 기업에 필요한 인재상을 파악해 이에 적합한 전문 인력을 양성할 뿐만 아니라 졸업생들의 취업에도 단단히 한 몫을 하고 있다.

시사점

사례에 소개된 A, B, C 세 대학은 특성화에 있어 '2014년 대학 특성화사업'에서 좋은 성과를 거뒀다는 점 이외에 또 다른 공통점들이 있다.

세 대학 모두 대학 특성화에 있어 체계적으로 꾸준한 준비를 해왔다는 것이다. 세 대학 모두 사업단 선정에 있어 대학 본부 차원에서 대학 발전전략과의 연계 및 비교 우위 학문분야 등을 고려하여 특성화 분야를 제시하였지만 사업단의 구성은 학과/단과대학 차원에서 자율적으로 이루어졌다. 이러한 자율적 사업단 선정 과정을 거치며 내부 구성원들의 합의를 이루었다는 것이다.

또한 대학의 체질 개선과 우수 인재 양성을 목적으로 과거의 학사구조와 교육과정을 사업단 목표 및 인재 양성 계획에 맞춰 개편하는 등의 꾸준한 노력을 하였다.

한편 D, E 대학은 전문대학의 설립 취지에 맞게 NCS에 기반한 일자리창출 중심의 교육과정을 통해 산업현장의 직무수행 성취도가 높은 혁신적 창의 인재의 육성에 힘쓰고 있다. 더욱이 지역의 산업특성에 부합하는 대학의 강점분야 특성화 강화와 산학협력 교육운영 체제를 개편하여 지역산업과의 상생협력 네트워크를 적극적으로 구축하고 있다.

이렇듯 학령인구가 감소함에 따라 대학들의 구조조정이 불가피해진 현실에서 과거와 같이 공급자 중심의 교육서비스 제공에 안주해서는 안 되며 산업체 및 학생 수요에 부합할 수 있는 수요자 중심의 교육서비스를 제공할 수 있도록 교육체계를 전환해야 할 필요가 있다. 나아가 중장기적 관점에서 미래유망산업의 전문인력을 양성할 수 있는 강점분야에 대학 핵심역량을 집중하고 인재양성교육, 직업교육을 특화시켜야 한다. 그러나 대학의 여건과 역량을 고려하지 않은 채 타 대학의 특성화를 그대로 모방하는 특성화가 되어서는 안 될 것이다. 일부 전문대학들은 경쟁대학 대비 교육서비스가 단순히 선호되는 수준의 차별화를 특성화로 잘못 인식하곤 한다. 특성화전략과 차별화전략은 개념상 구분이 필요하나 서로 병행돼야 하는 전략이다. 특성화를 차별화할 수 있는 중기적인 관점에서 특성화전략이 필요하다.

'특성화 전문대학 육성사업'은 단기 실적에 치중하는 1년 사업이 아니라 중장기적 관점에서 대학 발전전략과 연계한 특성화전략을 최소 5년간 추진할 수 있는 계속사업이라는 점을 기회로 활용해야 한다. 새로운 변화에 수동적으로 끌려가는 것이 아니라 새로운 기회로 활용해 적극적으로 선점해 나아갈 필요가 있다. 각 대학의 교육여건과 역량수준을 반영한 특성화전략을 조속히 수립해 대학 전체 역량을 전략실행에 집중함으로써 대학들 스스로 현재의 위기를 기회로 전환할 수 있는 전화위복의 계기로 삼아야 할 것이다. 특성화는 더 이상 선택의 문제가 아니며 대학의 생존과 직결된 문제이다.

차별화만 잘해도 특성화

지금까지 전국 대학들의 특성화 현황을 분석하여 다른 대학이 가지지 못한 차별점을 지닌 대학들의 우수 사례들을 살펴보았다. 현 정부의 고등교육 및 특성화 정책 하에서의 대학의 미래는 많은 한계점을 가지고 있다. 앞서 살펴보았듯이 각 대학의 특성이 획일화되고, 정부가 원하는 대학을 만들려면 취업을 위해 무조건적으로 노력해야만 한다.

대학의 각기 다른 개성을 통해 교육소비자에게 선택권을 부여하고 교육의 질을 향상시키고자 하는 정부의 정책은 아이러니하게도 대학의 틀을 구속하고, 장기적으로 다수의 대학들이 고유의 개성을 잃어버리게 할 것이라고 감히 예상한다. 대학의 재정 사정에 따라 정부의 지원 사업 수혜를 위한 노력은 물론 해야겠지만, 정부 정책에 대한 무조건적인 맹신은 장기적으로 큰 위협이 따른다. 많은 전문가들이 현 정부의 고등교육 정책을 비판하고 나섰고, 앞으로의 상황 또한 크게 달라지지 않을 것이라고 생각한다. 주지하다시피 우리나라 정치와 정책에는 많은 한계가 있기 때문이다. 정부의 정책이 큰 틀에서 변화하지 않을 것이라고 한다면 우리는 그 안에서 생존방법을 찾아야 한다. 장기적인 경쟁력을 갖추기 위해서는 반드시 변화의 방향을 모색해야 하고, 그것은 특성화 안에서 찾아야 한다고 했다.

그럼 과연 어떻게 특성화를 시키는 것이 올바른 특성화일까? 물론 각 대학만의 특성화를 집중시키는 것이 우리나라 전체 산업의 수만큼 다양화되고 전문화되면 더할 나위 없이 좋겠지만 현 정부의 산업육성 정책과 당면 이슈에 크게 휘둘리는 정치적 상황에 따라 대학만의 특성화를 유지시키는 일은 생각만큼 쉽지 않다. 그리하여 우리는 경쟁력 있는 특성화 방향을 차별화 전략에서 찾아야 한다.

　위 우수 사례들은 현재 다양한 방법에서 차별화시키고자 하는 노력을 하고 있는 대학들이다. 같은 집중 분야를 선정하고, 정부 시책에 따라 어쩔 수 없이 같은 목표를 향해 달려나가고 있는 대학들 중에서도 다른 방식의 교육과 타 대학이 가지지 못한 자기만의 우수한 것을 찾아내어 체계화하는 대학들이 분명 존재했다. 대학 특성화가 더욱 발전하고 우리나라 고등교육의 선진화를 위해서는 특성화의 다양화, 타 대학과의 다른 방향을 추구하는 것이 특성화의 성공 요소인 것이다.

미래 특성화를 위한
고정관념의 탈피

앞서 살펴보았듯이 대학의 특성화는 사회 변화 속에 위기를 겪는 대학이 해결해야 할 중대한 목표이다. 그렇지만 지금 우리 대학들의 모습은 궁극적으로 지향해야 할 목표의 특성화 모습과는 거리가 멀다. 정부의 특성화 정책은 획일적 특성화라는 심각한 부작용을 낳았고, 대학은 재정지원을 조금이라도 더 받기 위해 단지 '보여주기 위한' 특성화를 추진하고 있다. 우리가 이러한 상황을 타개하기 위해 가장 먼저 고려해야 할 것은 보여주기에 급급한 특성화를 지양하고 타 대학과는 차별화된 자기만의 것을 찾는 것이어야만 한다. 그리하여 우리는 미래 특성화를 위한 준비로서 여러 가지 고정관념을 탈피할 것을 제언하고자 한다. 현재의 우리 모습에서 미래 대학의 모습을 찾고, 그것을 행하기 위한 노력들에는 어떠한 것이 있는지 살펴보도록 하겠다.

대학의 특수 목적화

대학의 양적 팽창 시대의 와중에 정부 시책 또는 사회 수요와 맞물려 특수목적 대학교들이 많은 활동을 감행했다. 종합대학 위주로 구성되었던 대학들 사이에서 일종의 틈새시장을 노려 나름대로 인지도와 경쟁력을 착실하게 쌓았다. 해당 직종에 종사하고자 하는 학생들은 이름만 높고, 허울뿐인 몇몇 대학에 진학할 성적을 갖췄음에도 특수목적 대학교에 입학했고, 해당 산업의 전문가들로부터 실용적인 교육을 받았다. 종합대학을 표방하고 천편일률적 특성화만을 자행하는 현재의 많은 대학들은 특수목적 대학교를 본받아야 한다. 왜냐하면 그들은 학령인구 감소에도 불구하고 해당 산업 및 사회의 지속적인 수요만 있으면 존폐위기에 직접적으로 맞닥뜨리지 않기 때문이다. 일례로 사회의 갑작스러운 수요에 맞춰 보건 및 예술계열의 특수목적 대학들이 우후죽순처럼 생겨났지만 제기능을 못하고 있는 대학들이 있다. 종합대학들이 보건 및 예술계열의 학과를 많이 가지고 있기 때문에 과열된 경쟁에서 도태된다면 아무런 경쟁력을 확보할 수가 없기 때문이다. 그러한 특수목적 대학교는 해당 집중분야를 세분화시켜야 한다.

특수목적 대학교는 그 설립취지와 건학이념 자체가 하나의 특성화 전략이다. 어쩌면 그것은 정부와 대학이 선도하는 특성화와 달리 교육수요자들이 원하는 진정한 특성화가 아닐까 생각해본다. 충청권에서 매우 작은 규모의 입학정원을 가진 A대학교가 있다. 소규모 학생들로만 구성돼 있기 때문에 대학 주류의 관심을 못 받고 있는 것은 사실이다. 그 대신 A대학교는 사회복지 분야 특성화를 시행하고 있다. 대학의 비전과 목표 자체를 사회복지 특성화로 설정해 놓고 모든 학과를 사회복지 관련 분야의 학과로만 개설했다. 이는 지역 사회에서 대학의 입지를 단단하게 해주는 역할을 했다. 비록 타 대학들의 경쟁상대로서 기능을 하지 못할 만큼의 소수의 학생들로만 구성되어 있지만 누구나 그 대학을 졸업하면 지역 사회에 기여할 것이라는 생각을 가질 수 있게 만드는 대학이다.

[표 6-6] 우수사례(A대)

대학 명	비전(Moto)	선택과 집중 (Concentration)	차별화 (Differentiation)
A대학교	국내 최고의 사회복지 특성화 대학	사회복지 관련 특성화	사회복지관련 학과 중심 집중 복지 분야 인재 양성

B대학교는 수도권 전문대학 중 경쟁력 최고 수준을 항상 달성하고 있는 특정 조합의 인재만을 양성하기 위해 설립된 대학으로 항상 취업률 100%를 달성한다. 특정 기관 또는 기업과 연계하여 해당 기관에만 취업하고자 하는 학생들이 주로 많이 찾는 대학교인데, 일반적인 대학들과 동등한 비교를 행하기는 어렵지만 전문대학 경재력 순위에서 항상 상위권을 차지하는 이유는 오로지 한 분야에만 특화하여 집중하였기 때문일 것이다.

[표 6-7] 우수사례(B대)

대학 명	비전(Moto)	선택과 집중 (Concentration)	차별화 (Differentiation)
B대학교	농업·농촌·농협발전에 필요한 인재양성	협동조합 인재 양성 (Echo-Coop 프로젝트)	특수 목적 대학으로서 그 집중 분야만으로 차별성을 가짐

앞서 말했듯이 특성화는 여러 가지 형태로 대학 사회에 존재할 수 있다. 특수목적 대학교들이 우리에게 시사하는 바는 오로지 한 분야에 집중하는 것 또한 타 대학과 차별성을 가질 수 있는 좋은 방법이라는 것이다. 모든 대학들이 집중분야를 획일화시키고 비슷한 교육을 실시하는 것에 반해 특수목적 대학교는 특성화사업이 따로 필요하지 않을 정도로 차별화되어 있다. 일반 대학 관계자들에게는 굉장히 위험하게 들릴 수 있겠지만 어쩌면 우리가 궁극적으로 도달해야 할 대학의 모습은 특수목적화 되는 것이 아닐까? 물론 미래 대학의 많은 특성화 중에서 한 가지의 방법일 뿐이다.

집중 분야의 세분화(Segmentation)

현재 대학들의 특성화 모습을 살펴보면 구성하고 있는 모든 학과와 계열을 특성화사업안에 포함시키기 위해 굉장히 광범위하게 집중 분야를 설정하고 있다. 그렇기 때문에 대규모 종합대학들은 집중분야를 나열하는 식으로만 특성화를 설정하고 있다. 백화점식 학과 구성과 전혀 다르게 없는 구조이다. 이렇게 된다면 대학 특성화는 아무런 효과를 볼 수 없게 될 것이다.

  일반대학 같은 경우 어떤 분야에 선택과 집중을 할 것인가를 우선적으로 고려해야 한다. 상대적으로 비교우위의 경쟁력을 보유하고 있는 분야를 선도 분야로 설정해야 한다. 또한 대학의 미래를 개척할 수 있는 분야를 설정해야 한다. 현재 비교우위의 경쟁력을 보유하고 있지는 않으나 타 대학과의 차별성을 가지고 충분히 육성할 수 있는 개척 분야를 설정해야 한다는 것이다. 선도 분야와 미래 개척 분야로 나누어 대학의 자원과 역량을 집중히는 것이 특성화 취지에 부합한다. 실제로 많은 사업단들이 백화점 식으로 열거되어 있는 대학교들은 사업단 역량 강화를 위한 대학의 지원이 매우 어렵다고 말한다. 이런 사업단들은 향후 특성화사업단끼리의 경쟁에서 도태될 위험이 있으며 특성화 사업 지원이 중단될 위기에 처할 수도 있다. 사업단 예산 편성과 집행 방법에 대해서는 정부와 연구재단에서 앞으로 많은 논의가 진행되겠지만 예산 집행의 주체를 사업단이 아닌 대학에 부여하는 것 또한 방법이라고 생각한다.

  전문대는 일반대학보다 상황이 더욱 심각하다. 특성화를 선도하지 못한 전문대는 벤치마킹할 전문대학교가 전무하다시피 했고, 결국에는 일반대학을 벤치마킹하기에 이른다. 오히려 더욱 세분화되고 특정 분야에 특화해야 할 전문대가 일반대학의 백화점식 집중 분야 선정을 따라하게 된 것이다. 전문대는 일반대학보다 더욱 전문적이고 세밀한 분야로 특성화하지 못한 이런 상황을 반성해야 한다. 왜냐하면 그것은 전문대 설립 취지를 무색하게 만든 행태이기 때문이다. 예를 들어 총체적인 공학 분야로 특성화를 하는 것이 아니라 공학 중에서도 로봇

공학, 첨단기기 정밀공학 등의 분야로서 특성화를 하는 것이 바람직한 모습이라는 것이다. 결국 미래대학을 선도하기 위해서는 일반대학과 전문대 모두 병렬형 집중분야 선정을 지양하고, 지역 및 사회 발전에 기여하기 위한 구체적이고 세분화된 집중 분야를 선정해야 한다.

대학의 외형적 차별화

대학의 조직과 학사체계를 타 대학과 차별화하여 구성하는 것 또한 특성화라고 볼 수 있다. 변화하는 것을 두려워하고, 기존의 현상을 유지하려고만 하는 대학의 현 상태를 감안해 볼 때, 대학의 외형적 변화는 이해관계자들의 많은 반대에 부딪히기 쉽다. 하지만 외형적인 차별화 전략은 교육소비자들에게 직접적으로 많은 인상을 심어 줄 수 있다. 대학의 정체성과 부합된 학사 조직 또는 제도의 개편을 통해 스스로 어떤 대학임을 교육소비자들에게 각인시키고 이해관계자들의 가치 공유를 돕는다.

외형적 차별성을 확보하기 위해 대학은 단과대학에 대한 개편을 진행한다. 예를 들면 특성화사업단으로 해당 대학의 모집단위를 구성하는 것이다. 대학을 구성하는 모든 학과는 해당 특성화사업의 목표를 달성하기 위한 노력을 하며, 학과의 구성원 또한 공동 가치에 대한 공유가 가능하다. 단과대학을 단순 분류의 개념이 아닌 같은 목표를 공유한 공동체로서 집단화시켜 운영하는 것이다. 이는 또한 정원감축에 대한 근거로도 작용할 수 있다.

해당 대학의 교육목표를 달성하기 위해 새로운 방식의 교육을 선보일 수도 있다. 앞서 차별화 우수 사례에서 보았듯이 3+1체제를 선택하여 4학년 학생들에게 실무중심 교육을 집중적으로 시킬 수 있고, 학·석사 공동과정을 운영하여 심화 교육을 시행하기도 한다. 우리 대학만의 교육목표에 부합하는 학사제도를 구축하여 타 대학과 차별화하는 것 또한 교육 방법에 대한 특성화다. 서울 소재 우수 일반대학 중 하나인 H대는 1학년 학기 말에 본인의 성적, 학과장들의 의견을 토대로 이중전공을 배정받게 된다. 이는 기존의 부전공, 복수전공 제도와는 또 다른 형태의 학사제도로서 융합형 인재 양성을 위한 H대만의 특별한 학사제도로 자리매김하고 있다.

[표 6-8] 우수사례(H대)

대학명	비전(Moto)	선택과 집중 (Concentration)	차별화 (Differentiation)
H대학교	대한민국 제 1의 글로벌 융합대학	영어 및 제3국어 (동남아시아, 아프리카, 남미 언어 등)	어학, 지역학을 중심으로 한 융복합 교육

여러 캠퍼스를 보유하고 있는 대규모 종합대학의 경우 실제로 특성화사업이 매우 어려운 것이 사실이다. 특히 선택과 집중 전략을 구사하기 힘든 구조를 가지고 있는데 이것을 해결하기 위한 방법이 캠퍼스별로 특성을 개발하는 것이다. 충청권의 한 국립대학 C대학은 단과 대학 계열별 캠퍼스를 3개의 지역에 걸쳐서 운영하고 있다. 각각의 지역에 특성에 부합하는 집중 분야를 선정하고 캠퍼스별로 특성화사업을 실시한다.

[표 6-9] 우수사례(C대)

대학명	비전(Moto)	선택과 집중 (Concentration)	차별화 (Differentiation)
C대학교	미래를 향한 꿈, 세계를 향한 도전	농림수산, 영상공연-애니메이션 분야, 사범계열 특성화	3개지역에 걸친 캠퍼스 단과대학 분리 운영

또한 의료 분야에 집중하고 있는 경기도의 D대학은 두 분야의 인재를 양성하고자 캠퍼스를 분리하였는데, 글로벌 캠퍼스를 통해 국제화 교육을 선도하고, 메디컬캠퍼스를 통해 본래 특성화 분야인 의료분야의 비교우위 경쟁력을 더욱 강화하고자 한다.

[표 6-10] 우수사례(D대)

대학명	비전(Moto)	선택과 집중 (Concentration)	차별화 (Differentiation)
D대학교	2020 TOP 10 글로벌 명문대학 도약	의료경영 분야, IT분야, 바이오나노 분야	G2N3+GL (글로벌캠퍼스 + 메디컬캠퍼스)

이렇듯 대학의 외형적 재구조화를 통해 집중하고자 하는 분야에 대한 특성을 나타내고, 해당 대학 고유의 교육 방법 및 프로그램을 미리 알려 교육소비자들의 선택을 도우며, 궁극적으로 이루고자 하는 특성화 목표에 좀 더 쉽게 다가갈 수 있는 인프라가 구성된다.

연구 중심 대학으로의 차별화

몇 해 전만해도 대학을 분류하는 것의 기준으로 교육 중심과 연구 중심 대학으로 나누는 것이 일반적이었다. 하지만 취업과 실무에 대한 수요가 높아지면서 연구 중심 대학이 수도권과 지방의 몇몇 거점 대학에 지나지 않아 위 분류 기준은 현재 쓰임이 퇴색되어 갔다. 대학의 기본 역할 중 하나라고 여겨졌던 연구 부문이 이제 대부분의 대학에서 그 역할을 잃어 가고 있는 것이다. 연구가 너무나 고급 기술로만 취급되어 쉽게 특성화시키기 어려운 측면이 많이 존재하기 때문이다. 3장에서 우수 해외사례로 다뤘던 영국의 캠브리지 대학은 고등교육 이념에서 출발한 연구대학의 전통을 유지하는 몇 안 되는 대학들 중 하나이다. 캠브리지 대학은 고급 교육기관의 가장 큰 특징으로 대학은 과학과 학문을 궁극적으로 무한한 과업으로 간주하여 학생과 교수가 함께 지식을 탐구하는 장소라고 생각하는 것이다. 또한 이광주 인제대 명예교수(2014)는 "대학은 교육과 연구의 공동체이자 사회봉사의 근거지로서 반듯한 담론문화에서부터 출발해야 한다"고 말했다.[23]

이렇듯 대학은 지역사회에 적합한 인재를 배출하고, 취업 능력을 배양하여 교육수요자들의 사회진출을 연결하는 징검다리 역할 이외에도 담론하고 소통하며 연구하는 기관의 모습도 분명히 존재한다는 것이다. 하지만 현재 대학의 특성화는 연구라는 중요한 기능을 빼놓은 채 진행되고 있는 것이 사실이다. 앞서 말했듯이 특성화는 다양성을 우선적으로 고려해야 한다. 그런 면에서 교육중심 대학들이 즐비한 반면,

---

23) 한국대학신문, "[사람과 생각-인문학, 대학을 말하다(2)] 대학은 담론공동체, 물음과 논의 없인 학문도 없어", 2015.04.26

연구중심 대학은 많이 찾아볼 수 없다. 그리하여 우리는 대학설립의 기본취지를 다시 살펴보고 우리 지역사회에 요구하는 것이 오직 실용교육 뿐인지 고민해 봐야 한다.

모두 똑같은 실용교육보다는 우리가 잘할 수 있는 분야를 특색 있게 연구하는 것 또한 좋은 특성화가 될 수 있다. 동남권 중에서 부산지역은 그 이름에서 알 수 있다시피 해양산업의 중심지이다. 모두 해양 산업의 실용교육을 표방할 때, 부산의 한 국립대학인 E대학은 해양생명공학 분야를 특성화 분야로 선정하고 해양 과학 분야의 연구역량을 차별화시켰다. 해양과학 공동연구소를 창립하여 인프라를 구축하고, 많은 지원을 추진했다.

그 결과 부산을 거점으로 한 모든 해양연구는 E대학을 거치지 않고는 진행되지 않을 정도로 우수한 성과를 거뒀다. 이는 지역 산업에 특화된 분야를 연구하는 것 또한 우수한 특성화 전략이라는 것을 보여준다.

[표 6-11] 우수사례(E대)

대학 명	비전(Moto)	선택과 집중 (Concentration)	차별화 (Differentiation)
E대학교	월드클래스 특성화 선도대학으로 도약	해양생명공학 분야	해양과학분야의 연구역량 집중 육성

수도권에 위치한 이름 있는 명문 대학들은 특성화사업에서 많은 어려움을 겪었다. 종합대학으로서의 구조를 갖고 있는 이런 대학들은 어

떠한 특정 분야에 집중할 수 없었기 때문이다. 그리하여 특성화사업에서 그들이 선택한 것은 연구 중심 특성화 대학이다. 특성화사업을 평가하였던 정부는 그들의 특성화가 실용교육에서 멀어졌음에도 해당 분야의 연구에서 탁월한 역량을 지속적으로 보유하고 있었던 해당 대학들을 특성화사업에 선정할 수밖에 없었다. 하지만 연구라는 것을 굳이 그들의 전유물로만 보기는 어렵다. 지방대학들 또한 해당 지역사회에 부합한 연구 분야를 채택할 수 있고, 해당 대학에서 꾸준하게 연구가 진행되었던 분야가 분명 존재할 것이다. 그 분야에 대해서 과감하게 집중 연구 기관으로 특성화시키는 것 또한 경쟁력 확보의 기반이 될 것이다. 장기적으로 본다면 수도권의 우수 명문대학들과 어깨를 견줄만한 역량을 갖추기 위한 방법일 수도 있는 것이다.

꾸준한 투자가 필요하다

1990년대 중반 교육개혁의 일환으로 대학 설립의 규제를 완화하여 대학의 양적 팽창이 급격하게 진행된 이례로 많은 정부 정책들이 대학가를 들썩거리게 했다가 사라지곤 하는 현상을 반복했다. 대학은 정권이 바뀔 때마다 나왔던 정부의 교육개혁의 방침을 믿을 수도, 믿지 않을 수도 없게 되어 버렸다. 많은 정책들이 몸살을 앓았고, 그 안에서의 피해는 고스란히 대학과 학생들에게로 전가 되었다. 〈우리는 차별에 찬성합니다〉의 저자 오찬호 사회과학연구원은 대학신문과의 인터뷰에서 이렇게 말했다. "사회가 변화를 요구하면 변화해야 한다고 대학 스스로 생각을 하는 겁니다. 그런데 사회가, 기업이, 교육부가 진실을 담보할 수는 없는 것이죠. 만약 사회가 비정상적으로 변한다면 대학은 그것에 문제제기하고 따라가지 말아야 하는 게 대학의 사회적 책무인 겁니다. 그런데 뭔가 외부에 따라가지 못하면 도태된다고 생각하니까 자꾸 대학이 발맞추려 드는 것이에요."[24]

정부정책은 당면한 이슈와 정치적 상황, 정권의 성격에 따라 수시로 변화할 수 있다. 그렇지만 궁극적으로 대학의 특성화를 지향한다는 것은 변하지 않는다. 급변하는 정부정책에 대해 맞추려고 하다 보니까 단기적 성과만을 중시하는 풍토가 생겨났다. 정량지표 부문에서 무조건적으로 향상하고자 하고, 그에 따라 기초학문이 위기에 달했다. 이는 특성화의 진실된 목표가 아니다. 대학들은 지금 당장 지원을 받지 못한다고 해서 멈출 것이 아니라 장기적인 관점에서 경쟁력을 확보하기 위한 방안으로 지속적인 투자가 필요하다. 정부의 정책을 무조건적으로 반대하지 말고, 정부와 사회가 요구하는 대학의 장기적인 방향성에 대한 이해를 먼저 해야 한다. 그리하여 우리 대학만의 고유한 특성화의 기반을 확립하고, 혹 그것이 지금 당장의 정부 정책과 부합하지 않는다고 해도 미래지향적 사고를 해야 한다. 특히 산학협력 중심의 특성화는 더욱 그러한 성격이 강하다. 단기간의 산학협력 성과는 지속가능성이 부족하고, 산학협력의 성패는 결국 얼마나 지속적 교류를 통해 상호 신뢰를 쌓고, 강력한 네트워크를 형성하였는가에 달려 있기 때문이다.

---

24) 한국대학신문, "[사람과 생각-인문학, 대학을 말하다(1)] 기업에 투항한 대학, 그 불편한 자화상", 2015.04.20

CHAPTER. 7

대학 특성화
추진 방향

대학 특성화 방향은?

현재의 대학 특성화

전국 대부분의 대학에서 대학별, 분야별로 대학 특성화가 진행되고 있다. 하지만 특성화를 추진함에 있어서 그 목적과 방향성이 명확하지 않거나 이를 위한 인적, 물적 투자가 이루어지지 않고 있는 것이 현실이다. 대학이나 학과 차원에서의 노력으로 정부 재정지원 사업을 수주하여 여러 가지 특성화 교육프로그램을 운영하더라도 중간평가에서 탈락하게 될 경우 특성화사업도 그대로 흐지부지 되는 경우가 일반적이다. 대학도 이러한 현실적인 문제가 있기 때문에 실질적인 교육에 대한 투자보다 정부 평가에 맞춰진 '성과' 위주의 실적을 쌓기에 급급하다. 결국 본질적인 의미에서 '대학 특성화'라고 보기에는 어려움이 있다.

게다가 대학의 핵심역량과 경쟁우위에 대한 진단과 분석이 이루어지지 않은 채 대학 특성화를 추진하는 대학들이 있다. 이렇게 되면 혁신을 통해서 지향해야 할 대학 특성화에 대한 명확한 기준이 없어 '선택과 집중'을 위한 전략적인 방향설정이 이루어지지 않고 대학 특성화는 실패할 가능성이 매우 높아진다.

즉, 대학의 엄밀한 자가진단을 대충 생략하고 스스로의 역량과는 관계없이 전체적으로 일반화된 명문대학으로의 발전을 비전으로 설정하고 중장기 발전전략을 수립하고 있는 실정이다. 때문에 내부 구성원들에 의한 대학 특성화계획은 학내권력의 갈등 등과 같은 대학의 구조적인 문제 때문에 특성화를 위한 특성화 같은 서류상의 계획에 불과한 경우가 대부분이다.

대학 특성화 추진전략

그렇다면 대학 특성화는 어떠한 방향으로 설정되어야 하는가? 이것은 크게 5가지로 구분하여 볼 수 있다.

첫 번째, 대학의 전통적 역량분야, 강점, 브랜드파워(이미지)를 고려한 선택과 집중이 필요하다. 설립 취지나 배경에 따라 전통적인 경쟁우위분야를 확보한 대학이 있다. 국내 대학들 중 최초로 생긴 학과, 지역사회 및 산업과 긴밀한 관계를 유지하고 있는 학문분야 등이 이러한 경우이다. 전통적인 역량을 확보한 분야는 기존의 경쟁력을 유지하는 데에 필요한 자원을 투입하는 것은 물론 사회 및 산업수요가 원하는 새로운 지식 및 기술의 습득을 위한 교육환경을 주저하지 말고 제공해야 한다.

두 번째, 지역 사회 및 산업 연계를 고려한 분야를 선정해야 한다. 오늘날 대학은 지역경제의 활성화에 능동적으로 참여해야 한다. 지역의 인재를 육성하고 연구를 통한 창조경제의 기반을 조성하며 지역사회에 봉사함으로써 대학의 역할을 다 해야 한다. 그러기 위해서는 지역의 산업 수요를 고려한 학문분야의 인재육성을 고려하는 것이 필수적이라 할 수 있다.

세 번째, 실질적 경쟁력을 보유한 분야를 육성하기 위해 교수역량을 확보해야 한다. 교육중심대학, 연구중심대학의 핵심역량은 교육과 연구다. 그리고 그 중심에는 교수(교원)가 있다. 우수한 교수역량이 확보된다면 교육역량과 연구역량은 자연스럽게 확보할 수 있게 된다. 교수를 임용하는 단계에서 투명하고 공정한 과정이 필요하며 교수역량이 대학발전에 기여가 가능한 부분을 고려해야 한다. 또한 기존의 교수들도 각 학문분야에 대한 새로운 지식과 노하우를 습득하는 데에 게을리 하지 않아야 한다. 이에 맞추어 교육과정에 대한 혁신도 이루어져야 한다. 최근 정부의 대학 특성화사업의 평가기준을 보면 교과목 신설, 타 학문분야와의 융합 여부, 기존 교육과정의 개선 정도 등을 평가하는데 많은 비중을 두고 있다.

네 번째, 미래가치에 대한 투자를 고려한 육성이 필요하다. 현재 경쟁력을 확보한 분야에 대한 선택과 집중 이외에도 미래사회에서 필요한 분야 중 각 대학이 미래 경쟁력을 확보 가능한 분야에 대해서 육성할 필요가 있다.

다섯 번째, 대학 전체에 대한 발전과 연계한 대학 특성화가 이루어져야 한다. 대학 특성화를 위해서는 대학의 중장기적인 발전계획 수립이 선행되어야 한다. 대학이 국가 및 지역에서 어떠한 존재가 될 것인가, 우리 대학이 양성하는 인재는 어떤 인재인가 등과 연계한 대학 특성화가 이루어져야 할 것이다.

대학의 자율적인(선제적인) 특성화

  정부는 CK-I, CK-II 같은 지방대학, 수도권대학 특성화사업을 통해 입학정원 감축 등 구조개혁을 적극적으로 유도하는 동시에 대학들의 특성화를 장려하고 있다.

  각 대학들은 정부의 재정지원사업에 선정되기 위해 무리한 정원감축 등을 추진하다 보면 사업단 선정으로 인한 긍정적인 효과보다는 부작용이 더 크게 발생하기도 한다.

  물론 대학운영에 있어서 정부의 재정지원사업을 수주하는 것이 중요한 일임에는 틀림없다. 하지만 오로지 정부 정책에 따라서만 특성화를 구성하는 것은 매우 부적절한 행동일 수 있다. 대학 자체의 내부 상황을 고려하지 않은 채 정부의 입맛에 맞는 특성화를 내세우는 것은 오히려 재정지원사업에서 탈락할 확률이 높고 타 대학과의 차별화를 내세울 수가 없기 때문이다.

  따라서 대학 스스로가 자율적이고 선제적인 대학 특성화를 추진하는 것이 중요하다. 대학 스스로가 자신에게 맞는 특성화를 찾게 된다면 그 특성화를 통해 경쟁력을 확보하게 될 것이며 필연적으로 우수한 평가를 받게 될 것이다. 타 대학과의 차별화를 둔 특성화가 결국 대학 재정지원 사업에서도 수주하는 것은 어떻게 보면 당연한 일일 것이다.

대학 특성화 실행방법

학문/학과분야 진단 및 평가

대학을 구성하고 있는 요소들을 그 성격에 따라 분류하고 분석함으로써 대학이 가진 핵심역량과 경쟁력을 파악할 수가 있다. 경영분석에서 활용하는 기존의 7S분석의 틀을 대학에 맞게 변형하여 적용할 필요가 있다. 대학 분석에 맞게 변형된 7S분석은 대학 조직의 현상을 이해하고 분석하는데 있어 유용하므로 대학 특성화를 위해 선행되어야할 분석기법이다.

7S 분석의 핵심적 요소는 ①Strategy, ②Style, ③Structure, ④Staff, ⑤skill, ⑥Structure, ⑦Schooling infra 등 영문자 'S'로 시작하는 단어 7개로 구성하고 있다. 첫째, Strategy는 조직의 장기적인 계획과 이를 달성하기 위한 자원배분 과정을 포함하며, 대학의 장기적 방향과 기본적 성격을 결정하고 조직운영 방식의 혁신에 영향을 미친다. 둘째, Style은 대학의 교육이념과 인재상 등 교육의 목적을 나타내는 것을 말한다. 셋째, Student는 대학에 재학 중인 학생들의 특징과 성향, 학생들에게 제

공하고 있는 장학금제도와 취·창업지원제도 등 학생일반현황과 학생지원제도를 포함한다. 넷째, Staff는 대학운영을 담당하고 있는 구성원들의 현황과 인사시스템을 말한다. 다섯째, Skill은 연구 및 산학협력 역량, 교육과정운영, 교육품질관리 등 대학 본연의 기능인 교육과 연구 역량을 말한다. 여섯째, Structure는 학사조직과 운영조직을 파악하고 학문단위에서의 조직개편, 운영의 효율성을 위한 구조조정 등을 포함한다. 일곱째, Schooling infra는 대학의 교육환경, 즉 강의실 및 실험실습실, 교육기자재, 도서관, 학생편의시설을 말한다.

이러한 7가지 요소들은 상호간에 밀접한 관계를 가지면서 전체적인 조직의 현실과 이미지(images)를 형성한다. 7S 모형은 이들 요소들이 매우 밀접하고 일관성 있게 상호의존적으로 연계될수록 강한 조직역량이 구축되며, 이러한 조직이 장기적으로 높은 성과를 거두게 된다고 제안한다.

[그림7-1] 7S분석의 틀

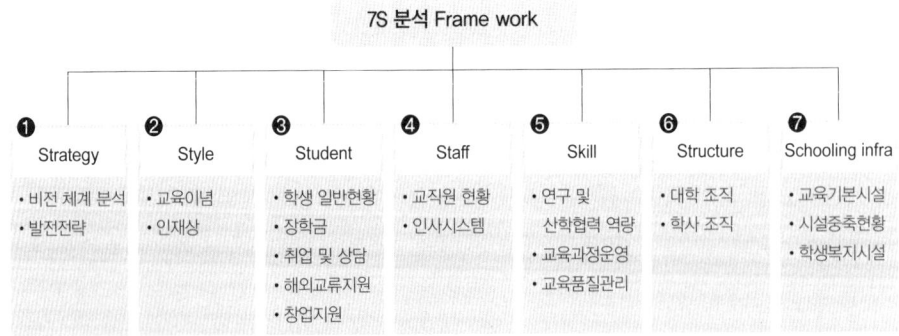

'선택과 집중'을 통한 대학 특성화

앞서 강조했듯이 대학 특성화의 주요한 개념은 '선택과 집중'이다. 따라서 무엇을 선택하고 어떻게 집중해야 하는가에 대한 기준이 먼저 정해져야 한다.

학생 충원율은 양호한가, 대학/학과가 제공하고 있는 교육에 대해 학생들은 만족하고 있는가 교수들의 교육/연구에 대한 노력은 지속적으로 이루어지고 있는가 등에 대한 평가를 나름의 정량적, 정성적 평가 기준을 마련하여 학과/학문분야가 가지고 있는 경쟁력, 핵심역량을 확인하는 것이 중요하다. 이같은 정량평가와 정성평가에 대한 항목들과 비중 등에 대한 문제는 평가를 담당하는 외부전문가, 내부구성원, 기관 등의 합의를 통해 결정해야 할 것이다.

그 다음으로 해당 학과/학문분야의 미래 전망이 상대적으로 어떻게 평가되고 있는지에 대한 검토가 이루어지고 나면 각각 평가된 결과에 따라 특성화 경쟁력이 강한지 약한지에 대한 정도를 구분하게 된다.

향후 5년에서 10년 내에 해당 학과/학문의 전망은 양호한가, 관련 산업분야의 일자리 수요는 지속적으로 제공될 가능성이 있는가, 해당 학과/학문분야에서 제공하는 교육과 연구 성과는 관련 산업분야에 유용하게 활용될 가능성이 있는가 등에 대한 기준을 정립하고 평가를 시행한다. 이러한 평가 틀을 사용함으로써 대학은 대내외부적으로 객관성을 확보할 수 있으며 내부 구성원들의 합의를 최대한으로 끌어내고 갈등을 최소화할 수 있을 것이다.

[그림7-2] 대학 특성화를 위한 평가 틀 예시

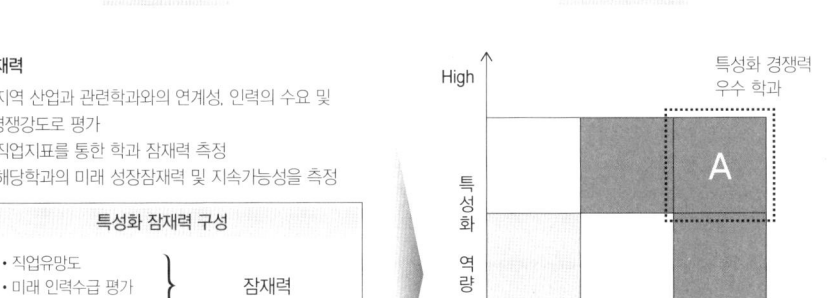

이렇게 분석 틀을 활용해 나온 결과들을 종합하여 각 학과/학문분야가 특성화 역량과 잠재력을 어느 정도 확보하였는가를 파악하기 위해 매트릭스를 구성하여 시각화 하고 나면 보다 명확하게 '선택과 집중'을 위한 선정이 가능해진다.

[그림7-3]은 특성화 분야 선정을 위한 매트릭스 구성을 보여주는 하나의 예시이다. 핵심역량과 잠재력(미래역량)이 모두 높은 A분면에 위치한 학과/학문분야는 대학 특성화를 위해 우선적으로 육성해야 할 분야로 볼 수 있다.

문제는 A분면에 속해 있지 않은 나머지 분야에 대한 방향설정이다. 하위분면에 위치한 분야는 실용학문으로의 전환, 유사분야와의 통합, 타 학과/학문분야와의 융·복합을 통한 새로운 분야로의 신설, 모집중지 및 폐과 등의 방안을 충분히 고민하고 실행에 옮겨야 할 것이다. 내부구성원간의 갈등구조 속에서 현상유지나 시간벌기식의 미봉책만을 고집한다면 현재 직면한 대학의 위기 속에서 대학 특성화를 통한 대학구조개혁의 '골든타임'을 놓치게 될 것이 분명하다.

[그림7-3] 특성화 분야 선정을 위한 매트릭스(Matrix) 예시

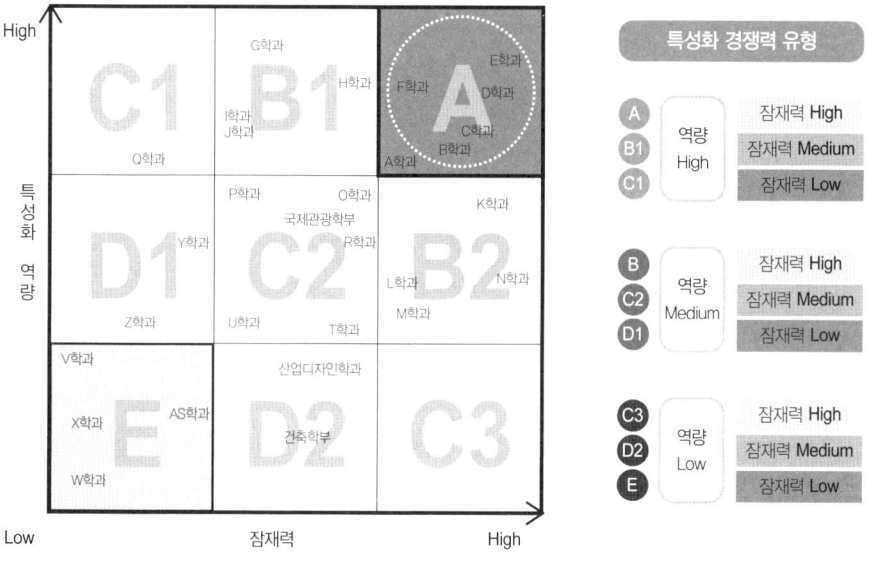

정부 재정지원사업에 대한 대응 방안

구체적이고 명확한 컨셉을 가져라

　대학 특성화사업에서 선정 사업단의 거의 대부분은 명확한 컨셉을 가지고 있다. 구체적이고 세분화된 산업분야, 학문분야에 대한 인재양성의 목표를 가지고 있음은 물론이다.

　'우리 대학은 전통적으로 ○○학과가 입시결과도 좋고 지역에서 나름의 인지도를 가지고 있으니까 ○○학과를 중심으로 사업단을 구성해서 CK사업에 지원해 보자' 식의 안일한 마인드로는 사업선정은 물론 대학 자체적인 특성화도 이룰 수가 없다.

　예를 들어 A대학이 사회복지학 분야를 특성화하려고 할 때, 단순히 각종 정부 기준의 지표를 만족하고 사업계획서를 잘 작성하게 하는 것이 특성화 준비가 아니다. A대학이 가진 경쟁우위를 분석하여 사회복지분야 중 어느 부분에서 가장 뛰어난 역량을 발휘할 수 있는가를 고려해야 한다. 일련의 과정을 통해 분석된 결과를 활용하여 예컨대 사회복지분야 내에서도 실버산업 연계형 노인복지, 아동폭력피해자 전문 아동복지, 다문화 자녀 양육·복지 등 구체적이고 세분화된 사업단 컨셉을 확보해야 한다.

5개의 영역에서 독창적인 프로그램을 개설하라

특성화사업 계획서는 크게 '특성화 여건'과 '특성화 계획' 부분으로 나눌 수가 있다. 그중 계획 부분은 다시 '사업단의 교육비전과 특성화 계획', '교육과정 구성 및 운영계획', '학부생 양성 및 지원계획', '학부 교육 내실화 및 지원 인프라 확충계획', '지역사회 및 산업에 대한 기여', '산학협력' 항목으로 구성되어 있다. '지역사회 및 산업에 대한 기여'와 '산학협력'은 특성화 유형-대학자율, 국가지원, 지역전략 에 따라 다르게 적용한다.

각 항목에 포함될 수 있는 특성화 프로그램을 개설하고 운영한다면 현 특성화사업 평가에서 좋은 결과를 얻을 가능성이 높다. 여기에서 고려할 점은 모든 항목에 반드시 프로그램을 개설할 필요는 없다는 것이다. '지원 인프라 확충계획' 항목에서 일정 기간 동안 정기적으로 시행되어야 하는 프로그램은 별도로 존재하지 않는다. 다만 교과, 비교과 과정에 대한 프로그램과 사업단 차원의 학습지원, 취업지원, 해외 인턴십 지원 등을 통해서 학부생 양성과 학부교육에 대한 항목에 포함시키는 형태로 구성을 하여 대학 특성화사업의 의도와 취지에 부합하는 프로그램을 구성해야 할 것이다.

실현 가능하고 탄탄한 재정계획을 수립하라

대학은 정부재정지원을 받으면 가장 먼저 학내 교육인프라 개선이나 단순 장학금, 특성화사업을 위해 확보한 인력에 대한 인건비 정도로 소비하는 경향이 있다. 또 최근 교수 연구비 지급에 대한 부분의 기준이 다소 완화되면서 원래 의도와는 다르게 지급하는 경우도 있다.

기본적으로 특성화사업의 지원금은 학부생을 위해 사용하는 것이 옳다. 그리고 그것은 학내 하드웨어(교육시설)에 대한 투자보다는 소프트웨어에 투자하는 것이 바람직한 방향이다. 경비성, 소모성 자금 지출을 최대한 줄이면서 학부생이 참여하는 교육프로그램 개발·운영비용의 비율을 높이는 방향으로 재정계획을 세울 필요가 있다.

교육과정을 혁신하라

대학의 본질적인 기능은 결국은 교육이다. 교육과정을 혁신하는 것은 대학 특성화를 추진함에 있어서 핵심적인 내용이 될 수밖에 없다. 단순히 그럴듯한 교과목을 2~3개 신설하는 것이 교육과정을 혁신하는 것이 아니다. 교육과정의 혁신은 교육과정이 특성화 분야의 지식과 소양을 갖추게 하는 것인가에 대한 물음에 만족할만한 결과를 제시할 수 있어야 교육과정이 혁신되었다고 할 수 있다.

또한 교과목을 신설, 개편함에 있어서 현장적합성 평가 등 외부 전문가(현장 실무자)가 참여하는 등의 제도를 마련하여 교과개편의 실효성을 확보하는 것도 하나의 중요한 방안이다.

교육의 질을 제고하라

교육의 질을 제고하려면 먼저 특성화 분야에 대해 교수들이 새로운 지식과 정보를 습득하고 연구해야 한다. 해당 분야에 대한 전문 지식과 노하우 없이 특성화 인재를 교육하고 양성하는 것 자체가 성립되지 않기 때문이다. 따라서 대학은 교수의 교육 및 연구 역량 강화를 위해 지속적인 투자를 해야 한다. 단순히 연구비 지원을 확대하고 교과과목 연구에 대한 원고비를 지급하는 것은 지양해야 할 것이다.

또한 학생들이 체감하는 교육만족도를 높여야 한다. 현재 시행되고 있는 강의평가제도가 현실과의 괴리는 없는지 점검할 필요가 있다. 강의평가를 통한 피드백과정은 적절하게 작동하는가도 함께 확인해야 한다. 아무리 설문의 설계가 완벽하고 학생들이 적극적으로 강의에 대한 교육만족도 의견을 개진하더라도 다음 강의에 반영이 되지 않는다면 아무 소용없기 때문이다.

지금 아니면 언제?

　학령인구의 감소라는 사회적 문제와 대학 학비의 고비용 대비 기대효과의 감소로 인하여 대학의 입학자원 감소는 자명한 사실이다. 이러한 입학자원 감소 현상은 대학의 존립 기반을 흔들 것으로 예상이 되며, 특히 지방 사립대학의 경우 태풍의 진로 한 가운데 있는 것과 같다 할 수 있다. 지방 사립대학의 붕괴는 그렇지 않아도 수도권 집중과 지방 경제의 쇠퇴와 맞물려 국가의 존립 기반을 흔들 수 있는 메가톤급 폭탄과 같은 상황이므로 정부로서는 이를 수수방관하지 않을 것이며 대학의 구조개혁에 적극적으로 개입할 수밖에 없을 것이다.

　대학의 구조개혁 방향이 특정 대학에 불리하게 작용하게 되면 명분이 약화되어 추진 동력을 상실하게 되므로, 정부로서는 각 대학에 동등한 기회를 제공한다는 명분하에 각 대학들의 특성화를 유도하면서 구조개혁을 요구할 것이다. 그러므로 대학의 구조개혁은 달리 말하면 대학의 특성화 유도이기 때문에 지금 현재 추진하는 대학의 특성화사업이 바로 대학의 구조개혁이므로 특성화에 대한 요구가 매우 집요하게 지속될 것이라 판단된다.

특성화의 방향도 단편적, 일률적 틀에 넣기보다는 대학의 설립 배경, 지역 여건, 비교 우위 경쟁력, 학문적 형평성 등을 고려하여 매우 다양한 형태로 제시될 것으로 판단된다. 지역에서의 상대적 경쟁력이 우위에 있다고 보기에 어려운 대학들은 타 대학과의 차별성, 탁월성, 전국적 희소성, 참신성, 당위성이 고려되어야만 특성화사업 유치가 가능할 것으로 판단된다. 그러므로 대학들은 '살려고 하면 죽고, 죽으려고 하면 산다'는 마음가짐으로 모든 기득권을 내려놓고 오직 경쟁력 한가지만을 기준 삼아 대학의 특성화에 적극적으로 매진하여야 한다.

대학의 존립 목적이 구성원들의 자리보전이 아니며 대학 자체의 생존이 위기에 직면하고 있으므로 모든 구성원들은 자신들의 이익을 모두 내려놓아야 할 것이다. 이를 위해서는 대학 구성원들의 공감대가 우선 형성되어야 하므로 모든 정보의 공유, 위기의식 공유, 소속 부서 및 구성원 개인의 경쟁력 인지가 있어야만 한다.

현재 대학 특성화사업을 준비하고 있는 학과는 정부 사업을 통해서, 참여하지 않는 학과들은 대학 차원에서의 자체 특성화사업을 통하여 체질 개선을 하여야 한다. 이런 대학 전체의 전 방위적인 노력에도 불구하고 상당한 정도의 타격을 입을 것이 자명하므로 최선이 아닌 차선의 'Plan B' 또한 마련하여야 한다. 'Plan B'에는 경쟁력을 상실하여 더 이상 같이 하기에는 어려운 학부(과)와 경쟁력을 상실한 교원의 퇴출 또는 처우 방안까지 심도 있게 논의되어야 한다. 분명한 것은 전체를 살리려고 하면 공멸할 것이고, 살아남으려면 뼈를 깎는 마음으로 부분적 출혈은 감내하여야 한다. 고통이 너무 크면 살아도 산 것이 아니므로 점진적 퇴출 방안 또는 전 구성원의 고통 분담 방안이 수립되어야 한다.

하지만 여전히 일부 구성원의 경우에는 지나친 낙관 또는 비관으로 자신의 경쟁력 향상 방안에는 소홀하면서 살아남으려고 몸부림치는 대학 경영진과 일부 교수들을 냉소적으로 바라보고 여론을 호도할 것이다. 그러므로 대학의 특성화를 통한 구조개혁과 함께 구성원들의 의식 구조 변화를 가져올 구체적인 실행 계획이 수립되어야 한다.

대학은 이제 선택의 기로에 놓여 있다. 대학 특성화는 하느냐 안하느냐의 문제가 아니라 언제 하느냐의 문제가 되었다. 대학 특성화에 성공하지 못한 대학은 경쟁력을 잃고 교육현장에서 점차 외면받게 될 것이다. 학령위기의 급감으로 인해 이러한 현상은 더욱 탄력을 받아 대학 운영이 불가능해지는 상황은 더욱 빠르게 다가올 것이다.

반면 대학 특성화에 성공한 대학은 대학의 규모와 관계없이 경쟁력을 확보할 것이다. 또한 지역산업 및 사회가 원하는 특성화 분야에 대한 유능한 인재를 양성하고 배출하여 지역경제를 견인하는 데에 중추적인 역할을 할 것이다.

하지만 이거 하나는 기억해야 한다. 대학 특성화에 성공하기 위해서는 누구나 할 수 없는 분야에서 우리만이 잘할 수 있는 분야를 찾거나 누구나 할 수 있는 분야를 우리만의 색깔로 표현하는 특성화를 찾아야 하는 것이다. 롤 모델 대학을 그대로 모방하지 말고, 우리만의 정체성을 확립하고 그만의 특화점을 찾는 것은 대학 스스로 노력해야 할 일이다. 그래야만 대한민국 교육의 미래를 책임지는 대학의 모습을 구현할 수 있으며 학령인구의 감소로 인한 현실적인 위기도 극복이 가능할 것이다.

대학 특성화를 조금 더 창조적으로 이루어 낼 수 있다면 그 대학은 자연스럽게 우리 사회 창조경제에 부합하는 인재를 배출하게 될 것이다. 요즘 대학 자체적으로 학생들의 창의성 함양을 위한 교육 프로그램들을 많이 운영하고 있다. 물론 이 또한 정부의 정책 방향과 사회적 요구에 따른 것으로 대학차원에서 일시적으로 대응하는 하나의 방편에 지나지 않는다. 하지만 중요한 것은 미래에 대한 준비로서의 창조적 인재 양성은 우리 사회를 이끌어갈 중요한 키워드라는 것이다. 대학은 창조경제의 견인 역할로서 많은 부분을 담당하고 있다. 하지만 지금의 대학들은 너무 단순하게 창조적 인재 양성만을 생각하는 것 같다. 창조적 인재를 양성하는 것도 물론 중요하겠지만 대학 자체가 창조적으로 변화하는 모습이 더욱 필요할 것이다.

지금의 획일적인 특성화의 모습을 갖추게 만든 정부의 정책과 정치 상황 등은 비판받아 마땅하지만 스스로 자립하지 못한 대학들의 자체적 노력의 부족함 또한 반성되어야 할 것이다. 대학이 위기를 스스로 극복하고 미래를 준비하기 위한 과정을 게을리하고 있는지 우리 스스로 살펴봐야 할 것이다. 또한 이전까지의 부족함을 반성하고, 미래를 위한 준비를 해야 할 것이다. 그 미래를 위한 준비의 첫걸음으로서 창조적 대학이 되는 것을 권한다. 그것이 바로 특성화의 가장 중요한 덕목이며, 살아남기 위한 최선의 수단일 것이다.

부록

1. 정부 고등교육 정책 참고 자료
2. 대학 특성화 현황

1. 정부 고등교육 정책 참고 자료

■ 대학교육협의회의 '대학평가인증제' 평가 항목 표

평가 영역	평가 부문	평가항목	주요지표
1. 교육 (120)	1.1 교육목적 (14)	1. 교육목적의 적절성(6)	-교육목적의 학문적·사회적 적절성 -대학이념·교육목적·목표의 체계성 -교육목표 진술의 구체화 및 명료도
		2. 교육목적의 인지도(4)	-대학 구성원들의 교육목적 인지 및 호응정도 -대학 구성원들의 인지를 위한 노력 -교육목적의 대외 홍보 실적
		3. 대학의 특성화 실태(4)	-대학 특성화 정책의 적절성 -대학 특성화 목표의 달성 정도
	1.2 교육과정 (40)	1. 교육과정 편제의 적절성(8)	-교육과정의 교육목적 반영도 -교양과정과 전공과정의 구성비 -필수와 선택의 구성비
		2. 교양교육과정의 적절성(8)	-교양교과의 적절성과 참신성 -학기당 교양교과의 다양성 -학년별 교과 분포의 적절성
		3. 전공교육과정의 적절성(8)	-학과별 전공 개설 교과의 타당성 -전공교과의 학문적 참신성 -전공교과 개설의 체계성
		4. 실험실습교육의 충실도(6)	-실험실습 교육내용의 적절성 -실험실습 교육방법의 효율성
		5. 교육과정 운영의 다양성과 융통성(4)	-부전공제, 복수전공제, 조기졸업제 실시 정도 -타학과개설 강좌 수강의 용이성 -학생의 요구와 능력에 따른 차별성
		6. 교육과정 개선노력과 실적(6)	-최근 5년간 교육과정 개선의 실적 -교육과정 위원회 운영 상태 -교육과정 개선 노력의 타당성
	1.3 수업 (32)	1. 수업계획서의 활용 상태(6)	-수업계획서 작성, 배포한 강좌 비율 -수업계획서 내용의 적절성
		2. 수업방법의 다양성(4)	-강좌당 적용되는 수업방법의 다양성 -교육 기자재 활용도 -수업 방법 개선을 위한 노력
		3. 수업의 충실성(8)	-최근 1년간 수업 휴강률 -학기당 수업 일수 -수업계획서와 수업의 일치도 -출석관리의 엄정성
		4. 학습평가의 엄정성(6)	-성적평가방법의 타당성 -과제물 처리의 충실도 -평가기준 적용의 엄정성 및 학사결 등

평가영역	평가부문	평가항목	주요지표
		5. 수업단위 규모의 적절성(4)	-강좌당 수강 학생수(평균 및 분포) -강좌의 특성을 살린 학급규모 설정과 지원 정도
		6. 교수의 전공과 담당과목의 일치성(4)	-교수의 최종 학위과정전공과 담당교과의 일치도
	1.4 학생 (34)	1. 학생선발제도의 공정성과 적절성(8)	-최근 5년간 학생 선발의 엄정성 -입학전형에 대한 대학 및 전공분야특성 정도
		2. 신입생 오리엔테이션 프로그램 운영의 충실성(6)	-프로그램 내용의 충실도 -학생들의 만족도
		3. 학생 상담지도의 체제와 그 실적(4)	-상담지도 운영체제의 적절성 -최근 1년간 상담 및 진로지도 학생참여율 -학과교수의 학생상담제 유무 및 운영실태
		4. 학부졸업생의 취업 정도(6)	-최근 3년간 졸업자 중 취업자 비율 취업률=순수취업자/졸업생-(진학자+군입대)
		5. 학생 탈락률 정도(2)	-최근 1년간 재적 학생 수에 대한 자퇴생 비율
		6. 학생 장학금의 적절성(6)	-최근 1년간 재학생 1인당 장학금
		7. 학생의 자율적 활동(2)	-최근 1년간 재학생의 자율적 학술활동 참여 정도 -대외 학술활동에 참여 정도 -학생회 운영의 건전성
2. 연구 (70)	2.1 연구실적 (22)	1. 교수 논문 국내(학내외) 학술지 게제 정도(10)	-최근 3년간 전임교수 1인당 국내 학술지 게재 논문 수 (예체능계는 공연, 전시 등 발표 실적 포함)
		2. 교수 논문 국외 학술지 게제(6)	-최근 3년간 전임교수 1인당 국외 학술지 게재 논문 수
		3. 교수 저서 실적(6)	-최근 5년간 전임교수 1인당 저서 수 (번역 포함)
	2.2 연구여건 (22)	1. 교외 연구비 수탁 실적(6)	-최근 3년간 전임교수 중 교외 연구과제 수탁교수와 비율(의대 임상 교수 제외)
		2. 교수의 평균연구비 수혜액(6)	-최근 3년간 전임교수 1인당 교내외 연구비 수혜액 (의대 임상 교수 제외)
		3. 연구지원 인력의 적절성(6)	-연구소당 전임 연구원 수 -교수당 연구지원 인력(연구원, 조교, 실험기사, 연구참여 학생 등)
		4. 학술연구 기금확보 실적(4)	-최근 2년간 연간 예산 대비 학술연구 기금의 비율
	2.3 연구지원 체제 (26)	1. 대학 연구관리부서의 운영(6)	-연구관리부서의 운영 상태 -연구관리 개선을 위한 노력(연구비 관리방법)

평가 영역	평가 부문	평가항목	주요지표
		2. 연구소의 연구비(4)	－부설 연구소당 연간 평균 연구비
		3. 연구소의 연구·학술 활동(6)	－최근 3년간 연구소의 연구실적 －최근 3년간 연구소의 학술활동
		4. 연구용 기자재 활용의 적절성(4)	－연구용 기자재 활용 상태 －연구용 기자재 관리 상태
		5. 연구결과의 출판 및 발표에 대한 지원(6)	－최근 3년간 연구결과 출판 및 발표에 대한 지원 총액
3. 사회봉사 (30)	3.1 사회봉사 (14)	1. 사회교육프로그램의 적절성(6)	－사회교육프로그램 운영 건 수 －사회교육프로그램 참가자 수 －사회교육프로그램 질적 수준
		2. 교수의 사회봉사 참여(4)	－최근 3년간 전임교수 1인당 사회봉사 참여율(지역사회봉사, 외부 강연 및 자문 등)
		3. 학생 사회봉사 참여 실적(2)	－최근 3년간 학생 사회봉사 참여율
		4. 사회봉사 행정체제(2)	－사회봉사 행정체제의 적절성
	3.2 대외활동 (16)	1. 산학연 협동 계획과 실적(8)	－산학연 협동계획의 적절성 －협동강의 및 연구 기자재 사용실적 －최근 3년간 산학연 위탁·공동연구 －최근 3년간 산학연간 인적 교류(학생, 교수)
		2. 국내대학간 협력(2)	－최근 3년간 대학 간 협력 실적
		3. 외국대학과의 국제협력(4)	－최근 3년간 외국대학과의 협력 실적
		4. 대외협동 담당 기구와 운영 상황(2)	－국제협력 담당기구의 운영 실태 －산학연 담당기구의 적절성
4. 교수 (80)	4.1 교수구성 (32)	1. 전임교수의 확보 정도(10)	－전임교수 1인당 학부 재학생 수 (의학계 임상교수 제외)
		2. 전임교수 박사학위 취득 정도(6)	－전임교수 중 박사학위 소지 전임교수 비율 (예체능계 제외)
		3. 전임교수 출신교의 다양성(4)	－전임교수 중 출신교별 교수 비율 (학부 및 박사)
		4. 시간강사 의존도(4)	－대학 전체 개설강좌 시간 수에 대한 시간강사 담당시간 수의 비율(예체능계 제외)
		5. 시간강사 관리 및 처우 상태(4)	－시간강사의 대기실 상태 －시간강사의 관리 상태 －시간강사의 강의료(주간 학부 기준)
		6. 조교 확보의 적절성(4)	－전임교수당 유급 조교 수 (의학계 임상교수 제외)

평가영역	평가부문	평가항목	주요지표
	4.2 수업부담 및 복지 (20)	1. 전임교수 수업부담의 적절성(6)	-전임교수 보수 수준의 적절성 -전임교수에 대한 의료혜택 등 후생복지제도 -교수회관의 상태, 사택, 휴게실 등
		2. 교수 후생복지제도의 적절성(6)	-전임교수 보수 수준의 적절성 -전임교수에 대한 의료혜택 등 후생복지제도 -교수회관의 상태, 사택, 휴게실 등
	4.3 교수인사 (20)	1. 교수 채용제도 및 운영의 공정성(8)	-교수 채용제도와 절차의 합리성 -최근 3년간 교수채용 시 기준 적용의 엄정성 -인사위원회 의사결정의 합리성
		2. 교수 승진제도 및 운영의 합리성(4)	-승진 기준의 합리성 -승진 심사 절차의 합리성
		3. 교수평가제의 적절성(8)	-전임교수 평가기준의 엄정성 -전임교수 평가제 실시의 합리성 -전임교수 평가결과 활용의 적절성
	4.4 교수개발 (16)	1. 국내외 연수참여 실적(4)	-최근 3년간 전임교수 연수 참가자 비용
		2. 교수개발프로그램 운영 실적(6)	-최근 1년간 교내 교수개발프로그램 운영 정도 -최근 3년간 신임교수 오리엔테이션 프로그램 실시 정도
		3. 교수의 국내외 학회 활동 참여 정도(4)	-최근 1년간 전임교수 1인당 학회 참여정도
		4. 교수 연구년제의 실시(2)	-최근 3년간 전임교수 1인당 연구년제(강의를 면제받고 6개월 이상 연구에 전념한 교수) 참여 정도
5. 시설·설비 (100)	5.1 교육기본시설 (24)	1. 도서 확보의 적절성(8)	-재학생(학부+대학원) 1인당 도서 수 -확보된 도서의 질
		2. 열람 좌석의 확보(4)	-열람좌석당 재학생(학부+대학원) 수 -개가식 열람석의 비율
		3. 국내·외 정기간행 학술지의 구독(4)	-학과당 평균 정기간행 학술지 구독 종수
		4. 교육매체 제작시설의 확보 및 실적(4)	-교육매체 제작시설의 충실도 -최근 3년간 교육매체 제작 시설 활용도
		5. 교육용 컴퓨터의 확보 상태(6)	-재학생(학부 및 대학원) 1인당 P.C 및 터미널 수
		6. 정보처리 체제의 구축 및 운영(4)	-전산체제 및 LAN 시스템의 구축과 운영 -교육 및 행정을 위한 활용 정도 -도서관 전산화 정도
		7. 체육시설의 적절성(2)	-체육장 운영 상황 -체육관·테니스장 등의 실태

평가영역	평가부문	평가항목	주요지표
	5.3 실험실습 설비 (26)	1. 실험실습 설비 종수의 확보 정도(8)	-실험실습 설비 종수의 확보율
		2. 실험실습 설비 점수의 확보 정도(8)	-실험실습 설비 점수의 확보율
		3. 실험실습 설비관리(6)	-실험실습 설비 관리체제의 적절성 -실험실습 설비 관리 인력의 확보 정도 -실험실습 설비의 청결상태
		4. 어학실습실의 적절성(4)	-어학실습실의 보유 및 활용 실적
	5.4 후생복지시설 (18)	1. 기숙사의 규모(4)	-학부 타지역 재학생수에 대한 기숙사 입사자 비율
		2. 학생회관의 활용 상태(4)	-학생회관의 규모와 관리 체제 -학생회관 용도의 다양성
		3. 학생식당 및 편의시설 구비 상태(4)	-편의·복지시설의 종류 수 -학생식당의 시설 및 운영 상태
		4. 교직원 식당 및 편의시설의 적절성(2)	-교직원 식당의 시설 및 편의시설 운영 상태
		5. 대학 수련원의 시설 및 활용도(2)	-수련원의 유무 -수련원의 시설 상태 및 활용 정도
		6. 의료지원 실태(2)	-대학진료소 유무 -대학진료소 운영 상태 -대학진료소 의료 서비스의 질
6. 재정·경영 (100)	6.1 재정확보 (24)	1. 교육재정의 확보(10)	-최근 3년간 재학생 1인당 교육비(병원 예산 제외)
		2. 학생 등록금 의존도(4)	-세입중 학생등록금 비율(국사립 구분)
		3. 장단기 재정확보 계획의 적절성(4)	-장단기 재정확보 계획의 유무 -장단기 재정확보 계획의 실천가능성 -장단기 재정확보 계획의 실적
		4. 세입 중 법인전입금 비율 및 기부금 비율의 적절성(6)	-최근 3년간 운영지출 중 기부금 비율(국립) -최근 3년간 법인전입금 및 기부금 비율(사립)(임상교수 인건비 제외)
	6.2 예산편성 및 운영 (26)	1. 예산편성 과정의 합리성(4)	-예산편성과정의 합리성 -학생등록금 총액에 대한 직접교육비의 비율(국사립 구분)
		2. 인건비 비율의 적절성(6)	-최근 3년간 세출 중 인건비 비율
		3. 실험실습비의 규모(6)	-최근 3년간 재학생 1인당 실험실습비
		4. 도서구입비의 규모(4)	-최근 3년간 재학생 1인당 도서구입비

평가 영역	평가 부문	평가항목	주요지표
		5. 예산 집행의 적절성(6)	−결산의 공개성 −예산 집행 증빙서류 관리 상태 −최근 5년간 감사 결과 −재정운영위원회 설치·활동 여부
	6.3 기획 및 평가 (14)	1. 장단기 대학발전 계획의 체계성(6)	−장·단기 계획의 유무 −장·단기 계획의 체계성 −계획의 실현가능성 정도
		2. 기획업무의 활성화 정도(4)	−기획을 위한 의견수렴 정도 −기획 인력의 전문성 −기획 제도의 정착
		3. 대학 내부평가 체제의 운영 상태(4)	−최근 3년간 대학내부 평가 실적 −내부평가 업무담당 조직의 실태
	6.4 행정 및 인사 (22)	1. 대학총장의 지도성(6)	−대학 발전을 위한 비전 −인화 능력 −업무추진 능력과 혁신성 −대외교섭 능력
		2. 행정조직의 합리성(4)	−대학 행정체계 및 규모의 적절성 −부서간 업무조정 및 협조체제의 실태
		3. 행정업무의 효율성(4)	−업무편람 내용의 적절성 −업무의 전산화 정도 −업무처리의 신속성
		4. 갈등관리의 체제와 능력(4)	−최근 3년간 대학구성 집단간 갈등 유발 건 수 −대학구성 집단간 갈등조정을 위한 위원회 운영 상태 −최근 3년간 갈등처리 실적
		5. 직원인사의 적절성(2)	−직원 인사기준의 명료성 −직원 인사결정의 공정성 −직원 인사에 대한 만족도
		6. 직원의 학내외 연수 실적(2)	−최근 3년간 직원 연수 참여 비율
	6.5 대학의 의사결정 (14)	1. 대학정책결정과정의 합리성(4)	−정책결정 사항의 합리성 −의견수렴체제의 적절성
		2. 위원회 운영의 적절성(2)	−위원회 운영의 효율성 −위원회 구성의 적합성 −최근 3년간 각종위원회 운영 실
		3. 의사결정 부서의 자율성(2)	−위임 전결 사항의 정도 −각 부서별 업무 추진의 독립성

평가 영역	평가 부문	평가항목	주요지표
		4. 사립대의 이사회 구성과 운영의 합리성(6)	-이사회 구성의 다양성 -이사회 의사결정의 민주성 -이사의 대학발전에 대한 기여도
		5. 국립대의 의사결정기구 (교무 회의 또는 평의회)의 구성과 운영의 합리성	-의사결정기구 구성의 적합성 -의사결정기구 의사결정의 민주성

■ 교육역량강화사업 평가 항목 표

⟨사립대⟩

구분	성과지표(32.5%)		여건지표(67.5%)				
	취업률	재학생 충원율	교원 확보율	학사관리 및 교육과정 운영	장학금 지급률	학생 교육투자	등록금 부담 완화지수
비율	15%	17.5%	12.5%	22.5%	10%	10%	12.5%

⟨국·공립대⟩

구분	선진화지표 (5%)	여건지표(95%)						
		성과지표		여건지표				
	기성회계의 건정성	취업률	재학생 충원율	전임 교원 확보율	학사관리 및 교육과정 운영	장학금 지급률	학생 교육투자	등록금 부담 완화지수
비율	5%	125%	17.5%	10%	22.5%	10%	10%	10.0%

⟨교원양성대학⟩

구분	선진화지표 (5%)	여건지표(95%)						
		성과지표		여건지표				
	기성회계의 건정성	취업률	재학생 충원율	전임 교원 확보율	학사관리 및 교육과정 운영	장학금 지급률	학생 교육투자	등록금 부담 완화지수
비율	5%	22.5%	10%	10%	17.5%	12.5%	12.5%	10.0%

■ 재정지원제한 평가 항목 표

구분	4년제 대학			
	'12학년도	'13학년도	'14학년도	'15학년도
취업률	20%	20%	15%	15%
재학생충원율	30%	30%	25%	22.5%
전임교원확보율	5%	7.5%	10%	10%
교육비환원율	10%	7.5%	12.5%	12.5%
학사관리 및 교육과정	5%	10%	12.5%	12.5%
장학금지급률	10%	10%	10%	10%
연체율(상환율)	10%	–	10%	12.5%
등록금부담완화	10%	10%	5%	5%
법인지표	–	5%	–	–
산학협력수익률	–	–	–	–

■ ACE사업 평가 항목 표

영역	항목	평가 내용	배점	비고
1. 기본교육 여건 (30점)	1. 기본 교육여건 (30점)	취업률	4	정량
		재학생충원율	4	
		전임교원 확보율	4	
		전체 재학생 중 학부생 비율	4	
		학사관리 및 교육과정 운영	4	
		교육비 환원율	3	
		장학금 지급률	3	
		등록금 부담 완화지수	4	
2. 학부 교육 발전 역량 (30점)	1. 교육과정 구성 및 운영 현황 (15점)	교양 교육과정	7	정성
		전공 교육과정	5	
		비교과 교육과정	3	
	2. 교육지원 시스템 구축 현황 (15점)	학사구조 개선 및 구조개혁 등 실적	4	
		학생지도 내실화	2	
		교수-학습 지원 체계	3	
		교육의 질 관리 체계	3	
		대학 거버넌스 선진화	3	

영역	항목	평가 내용	배점	비고
3. 학부 교육 발전 계획 (40점)	1. 전체 계획의 체계성(10점)	목표의 현실적 구체성 및 타당성	2	정성
		전체 계획의 유기적 정합성	3	
		성과지표 및 성과관리 체계의 적절성	3	
		확산 및 지속 가능성	2	
	2. 교육과정 구성 및 운영 계획 (15점)	교양 교육과정	7	
		전공 교육과정	5	
		비교과 교육과정	3	
	3. 교육지원 시스템 구축 및 개선 계획 (15점)	학사구조 등 학사제도 개선	3	
		학생지도 내실화	2	
		교수-학습 지원 체계 개선	3	
		교육의 질 관리 체계 개선	4	
		학부교육 여건 개선	3	

■ LINC사업 평가 항목 표

〈기본역량 평가 지표〉

구분	교육-연구성과(20%)		교육-연구 여건(10%)		
	취업률	교수 1인당 특허(등록)건수	재학생 충원율	교원 확보율	교육비 환원율
비율	7%	7%	6%	5%	5%

〈LINC 특성화 평가 지표〉

구분	산학협력 체계(40%)		산학협력 내용(30%)	
	제도 및 인프라	인력	인력 양성 및 고용	기술개발 및 이전
	• 교수업적평가 및 승진승급 평가시 산학협력 반영비율(15%) • 공용장비 운영 수익(5%)	• 산업체 경력 전임교원 비율(5%) • 산학협력중점교수 현황(10%) • 산학협력단 내 정규직 및 전문인력 현황(5%)	• 현장실습 이수학생 비율(5) • 창업지원 현황(5%)	• 산업체 공동연구 과제 수 및 연구비(10%) • 기술이전 계약 건수 및 수입료(10%)
비율	20%	20%	10%	20%

⟨LINC 사업계획서 평가 지표⟩

영역	항목	평가 내용	배점
산학협력 선도모델 VISION (10%)	계획 수립의 적절성	산학협력 선도모델의 독창성 및 수월성	6%
	성과관리 체계의 적절성	사업 계획수립 및 예산 집행계획의 적절성	2%
	확산 및 지속가능성	성과관리 및 지원체계의 적절성	2%
산학협력 선도모델 SYSTEM (40%)	산학협력 친화형	산학협력 친화형 교원 인사 운영	20%
	대학 체재 개편	산학협력 친화형 학사 운영	
	산학협력단 역량 강화	산학협력단 조직 구성 및 인력 운영	10%
	산학협력 인프라 확충	산학협력 친화형 공동활용 장비 운영 및 기업 지원 체제 구축·운영	10%
산학협력 선도모델 COMPONENT (30%)	교육과정 개편 및 운영	교육과정 개편의 유연성	5%
		산학협력 친화형 교육과정 편성·운영	
	인력양성 및 취·창업 지원	취업·창업 교육 및 지원프로그램 운영 (창업교육센터 운영, 창업강좌 운영 및 동아리 지원 등)	5%
		특성화된 인력양성 프로그램	
	특성화 분야	특성화 분야의 적절성	20%
		특성화 분야 인프라 및 운영 시스템 구축	
		특성화 교육과정 및 인력양성 프로그램	
		특성화 관련 기업 지원 및 교류프로그램 (기술개발, 기술지도, 기업지원, 인력교 등)	
산학협력 선도모델 LINK (20%)	산학협력 연계체계 구축	산학협력 협의체 구축 및 운영	8%
		기업에 대한 종합 지원 시스템 구축	
	기업 지원	기술개발	개방형 기업 기술개발 지원 체계 구축 및 운영	4%
		인력양성	개방형 대학 – 기업 인력 교류체계 구축 및 운영	4%
		맞춤형 지원	맞춤형 기업 지원 (기술, 디자인, 마케팅, 해외시장 개척 등 Allset 지원)	4%

2. 대학 특성화 현황

■ 일반대학 특성화 현황 표

권역	학교	비전(Moto)	선택과 집중(Concentration)	차별화(Differenciation)	비고
강원권	강릉원주대학교	• 지역혁신의 엔진, 문화융성의 리더	• 해양바이오 분야, 컴퓨터공학 분야, 기상예측공학 분야	• 창의융합 교육 • 산학 협력 우수	
	강원대학교	• 실사구시(건학이념)	• 강원도 유일 로스쿨, 의학 및 수의대, 약학대학	• 꿈-설계 상담제, 기업별 맞춤형 취업 역량강화 프로그램운영	
	상지대학교	• 친환경 교육과 열린교육으로 글로벌 인재를 양성하는 대학	• 한예 조정학 분야	• 취업역량 향상을 위한 각종 교과 내 교육과정 강화	
	한라대학교	• 미래지도자 육성을 통한 국가산업발전에 기여	• 기계자동차공학, 산업경영·레저관광 분야	• 전공자격인증제, 문제 중심학습법 교육	
	한림대학교	• 풍부한 인간성과 창조성을 지닌 인재양성 • 학술 및 문화 진흥 도모	• 의과대학, 국제학부 (국제통상경영, 국제미케팅, 커뮤니케이션, 동아시아학)	• 교양역량 우수, 기숙 형 대학지향	
	한중대학교	• 홍익인간(건학이념)	• 국제관광, 호텔카지노, 외식영양 분야	• 중국 특성화대학을 지향	
대구·경북권	경북대학교	• 연계 협력 창조	• IT, BT, 공학관련 기초학문 분야 특성화	• 산업현장과 연계한 실무교육	의과대학과 지역거점 대학(부속 중·고교포함)
	경운대학교	• 실무중심의 글로벌 인재양성의 메카	• 전자정보기기 분야, 그린에너지 분야, 항공 산업 분야	• 신한 PBL교과목 도입을 통한 현장실무 교육 강화	
	경일대학교	• 함께에 도전하는 글로벌 실무교육선도	• 기계분야, IT 분야	• 지역 수요기반 교육역량 강화	
	경주대학교	• 꿈의 실현, 세계화 함양, 미래 개척 • 경주에서 세계로, 문화관광 혁신의 중심	• 관광 분야, 문화예술 분야, 보건복지 분야	• 지역 특성화에 맞는 학생역량 프로그램강화	

권역	학교	비전(Moto)	선택과 집중(Concentration)	차별화(Differencation)	비고
동남권	계명대학교	• 지역과 세계를 향해 빛을 여는 교육중심대학	• 미디어콘텐츠 분야	• 개명 이닙스 컬리지를 통한 국제화된 전문 인력 양성	
	금오공과대학교	• 산학중심 창의인재양성 특성화 대학	• ICT 응·복합, 에너지 부품 소재, 메카트로닉스	• 실천적 실용중심 교육	
	대구가톨릭대학교	• 미래사회의 대가를 양성하는 세계적 교육중심대학	• 한국어문학, 재활·복지 분야	• 대가 창안인재 교육하나 시스템 구축을 통한 교육성과의 질 관리 혁신	
	대구대학교	• 학생이 행복한 대학 • 학생이 행복해지면 대학도 행복해지고 사회도 행복해 진다	• 사회복지 분야	• 학습역량, 인성, 리더십권면 집중교육을 통해 학생 역량강화	
	대구외국어대학교	• 21세기 국제적 전문 인력 양성	• 어문 분야	• 소그룹 중심의 집중적 언어 교육	
	대구한의대학교	• 지역사회와 함께 세계를 선도하는 대학	• 한방 웰니스(Wellness)분야	• 지역밀착 강화를 위한 체계적 산학협력 시스템 구축	
	동양대학교	• 지식정보사회를 선도하는 첨단 인간상 구현	—	• 응·복합 교육 강화를 통해 지식정보사회 선도 인재양성	특성화 분야에 대한 이해가 부족
	인동대학교	• 사회를 선도하는 역량과 인성을 갖춘 인재양성	• 유럽문화관광 분야	—	
	영남대학교	• 미래를 만드는 대학, YU the future	• 그린에너지, 바이오메디컬 분야	—	사립유일 지방거점종합대학
	위덕대학교	• 진리탐구, 인격도야, 이타자리	• 철강, 기계전기, 그린에너지, 외식산업 분야	• 실무중심교육, 맞춤형 취업 프로그램 지원	
	포항공과대학교	• Great Place for Learnig An out standing Receach Institution	• 철강, 해양, 엔지니어링 분야	• 연구중심, 소수 정예 교육 지향, 대학원 중심 대학	
	한동대학교	• 하나님의 방법으로 하나님의 인재를 양성하는 하나님의 대학	• 국제화 융합교육, 기계제어 공학, 언론정보 분야	• 전교생 영어수업, 복수전공 의무화, 자유전공제	
	가야대학교	• 현장맞춤형 글로벌 전문 인력 양성 동남권 허브대학	• 항만물류 전문 인력 양성, 통합실무 간호 전문 인력 양성	• Plus형 실무인재 양성 교육과정	교육과정에서 특별히 차별화 된 것이 없음

권역	학교	비전(Moto)	선택과 집중(Concentration)	차별화(Differenciation)	비고
	경남과학기술대학교	• 함께 꿈꾸며 미래로 열린 대학	• 친환경 동물산업, 에너지플랜트분야	• 산학협력 교육과정, 특별학점제(야학 및 자격증, 팀 프로젝트, 소실습금 활동등)	
	경남대학교	• 전국10위권명문사학 • 학생이 만족하고, 학부모와 산업체가 감동하며, 지역민과 교민과 교직원이 자랑하는 대학	• 국방인문분야	• 지식융합 교육과정, 수요자중심 정규 교과과정 운영	사회적 경제 전문인력 특성화
	경상대학교	• 예-지-혁(禮智學)을 겸비한 창의적 개척인재 양성	• 농생명과학, 항공기계시스템, 나노신소재 분야	• 융·복합 및 산학협력 교육	
	경성대학교	• 학생이 선호하는 동남권 1위 대학 • 가고 싶은 대학, 꿈을 이루는 대학	• 환경공학과	• 기초교양과정 강화를 통한 인류사회에 봉사하는 전문 인력 양성	
	고신대학교	• 복음의 빛을 갖는 세계 선교중심대학	• 보건의료분야, 실버복지분야	• 기독교 세계관에 기초한 선도적 기독교 교육 구현	
	동국대 경주캠퍼스	• 인성과 실무능력을 갖춘 창의적 글로벌인재 양성 • 잘 가르치는 명문(ACE)대학	• 바이오메디컬 분야	• 학문구조 종합개편을 통한 융·복합 교육 강화	
	동명대학교	• 산학실용교육 명문대학	• 관광경영 분야, 유아교육분야, 유통경영분야	• 산학융합 교과목마다 산학클러스터 교과목을 통한 설산구사 교육과정 운영	특성화 사업에 대한 이해도가 높음
	동서대학교	• 기독교 건학이념을 통하여 인류를 함께 학문을 실현하는 대학	• 영화·영상콘텐츠 분야, ICT융합분야, 디자인비즈니스	• 창의교육 및 창업지원 시스템 구축을 통한 창업인 육성	
	동아대학교	• 지역을 품고 세계와 함께하는 동아시아 거점대학 • 세상을 향한 큰 배움, 진리를 향한 큰 채움	• 부품소재 분야, 기계기자재 분야, 벨 명산업 분야	• 지역특화 교육과정 개편을 통한 지역사회 기여	특성화 분야 지정과 실제 특성화 선정 분야가 다름
	동의대학교	• 세계도시 부산의 창의적 글로벌인재의 전당	• 항노화 헬스케어 분야, 금융 분야, 기부금융용합 인력양성	• 실습실습과 현장실습과 교과연계 교과 및 개별 확대를 통한 전공 교육의 심화	

권역	학교	비전(Moto)	선택과 집중(Concentration)	차별화(Differenciation)	비고
	부경대학교	• 월드클래스 특성화 선도대학으로 도약	• 해양생명공학 분야	• 해양과학분야 연구역량우수	
	부산가톨릭대학교	• 첨단의 지성과 인성을 겸비한 글로벌 리더를 양성하는 대학	• 글로벌 헬스 케어 전문 인력 양성	• 전공연계 봉사활동 강화를 통한 지역화 역량강화	
	부산대학교	• 창조적 지식공동체 구현	• 기계공학, 화공생명공학, 조선해양공학 분야	• 통섭형 엘리트 교육 지원시스템 운영	의대, 치대, 한의대, 약대, 법대, 경영대 학원 모두 보유
	부산외국어대학교	• 문화다양성을 선도하는 교육중심 특성화대학	• 한국어문학 분야	• 외국어 기반 심화교육 강화	
	부산장신대학교	• 2020년까지 국내 소규모대학 중 최고의 교육역량과 경쟁력을 갖춘 1위 지방대학	• 사회복지상담 분야	• 어학연수를 통한 글로벌 역량 강화	비전이 현실성 없음
	신라대학교	• 동아시아중심의 국제화 실현 • My Dream Started From Silla University	• 사범대특성화 분야	• S-CDP 시스템 체제를 통한 학생 취업 강화	
	영산대학교	• 지역발전을 선도하는 산학협력 기반의 교육명문 대학	• 서양조리, 해양레저관광 분야	• YCMP(영산취업캠프)운영을 통한 취업 지원	세계 조리사 연맹 인증대학, 조리학과 CK 선정, LINC
	울산과학기술대학교	• 인류의 삶에 공헌하는 세계적 과학기술 선도대학	• 차세대에너지, 첨단신소재(기계,에너지, 바이오)	• 과학기술 분야 영향 학문 육성(학부전공없앰), 학부에 관계없이 전공트랙 선택 가능	국내 최초 법인화 국립대학
	울산대학교	• 지역과 세계로 도전하는 창의적 실용인재 양성 대학	• 조선해양공학, 기계공학, 생명공학, 화학공학, 의료 분야	• 재단(현대중공업)의 강력한 지원, 의료화 사업을 통한 선택과 집중	LINC 매우우수평 가대학
	인제대학교	• 자연보호, 생명존중, 인간사랑	• 의학, 의료공학, 제약공학, 임상영리 분야	• 개방 복수전공제, 개방 전과제	BK21 플러스 사업 7년 연속 선정, 대학 교육역량 강화 사업 우수사례 선정

부록 233

권역	학교	비전(Moto)	선택과 집중(Concentration)	차별화(Differenciation)	비고
수도권	창원대학교	• 지역으로 세계로 열린 대학	• 메카트로닉스, 공학 분야 특성화	• 현장체험 교육, 맞춤형트랙제 운영, 장단기 현장실습제	세무, 유아교육, 특수교육 강세
	한국국제대학교	• 기독교 정신의 참된 교육 실천으로 학생복지와 지역발전 추구	• 수송기계 공학, 교양공무원 양성의, 생명 분야		
	한국해양대학교	• 세계최고의 글로벌 해양특성화 중점 대학	• 해양에너지, 해양식품, 해운물류, 부가조선, 조선기자재 분야	• 해양권련 인재대학 운영	해운계 고급인력 양성 목표
	가천대학교	• 2020 TOP 10 글로벌 명문대학 도약	• 의료경영분야, IT 분야, 바이오나노 분야	• G2N3+GL(글로벌캠퍼스+메디컬캠퍼스)	의료에 대한 집중 집중자
	가톨릭대학교	• Ethical Leader, Global University	• 사회심리, 화학응용 분야	• 인간존중, 인성교육 과정 강화	
	강남대학교	• 아시아복지 거점대학	• 실버산업 분야	• 목적지향 맞춤형 실용교육 (GOTME)체제	
	건국대학교	• 교육, 연구, 사회적 책무를 수행하는 세계적선도 대학	• IT 분야	• 창의적 미래 인재양성을위한 학습 자 중심의 교육 과정	
	경기대학교	• 기본에 충실한 믿음직한 인재 양성	• 디자인경영 분야	• 졸업 후 진학 프로그램화를 통한 전문지식인양성	
	경희대학교	• 학문과 평화의 지구적 존엄	• 인문사회학 분야	• 전인교육 프로그램을통한 윤리의 식을 갖춘 실천적 지식인 육성	
	고려대학교	• 지혜로운 글로벌 리더육성과 신지식 창조 • 사랑받는 대학, 신뢰받는 대학, 인정받는 대학	—	• 국제표준 교육프로그램 및 글로벌 연구 네트워크 확대를 통한 글로벌 수준의 교육역량 강화	전 방위 학문별 특성화
	광운대학교	• 미래가치를 창조하는 첨단학문의 중심	• IT 특성화 인재 양성	• IT 역량과 공학 분야이실용학문을 바탕으로 한설사구시 교육	IT는 학교의 비전에 해당하여 차별화, 집중화 모두 해당됨
	국민대학교	• 창의성과 도전정신을 겸비한 미래형 글로벌인재를 양성하는 세계 속의 명문대학	• 건축 분야	• 사회적 요구 및 역량기반 교육 과정 운영	

권역	학교	비전(Moto)	선택과 집중(Concentration)	차별화(Differenciation)	비고
	그리스도대학교	• 기독교 진리를 바탕으로 한 일치, 자유, 사랑 세상을 변화시키는 기독교 대학 • 내가 많은 사람 앞에서 내게 돌은 바를 중성된 사람에게 부탁하라 저희가 또 다른 사람들을 가르칠 수 있으리라	• 사회복지 분야	• KCU리더십 특성화사업을 통한 우수 산업 인력육성	
	단국대학교	• 세계로 도약하는 민족사학	• IT, BT, CT 분야	• 현장실습 교과목 개발 확대를 통한 전공 교육의 심화	
	대진대학교	• 상생의 정신으로 글로벌리더를 육성하는 대학 • Let's DJ!	• 중국어 특성화	• Liberal Arts 교육 강화와 통일기반 창의·융합 교육을 기반으로 하는 창의형 인재양성	
	덕성여자대학교	• 세계 수준의 교육명문 대학	• 약학과 특성화	• 5CMS(5Steps of Career Management System)을 통한 현장실습 프로그램강화	
	동국대학교	• 글로벌 지식사회의 미래가치 선도 대학 • My Pride Dongguk!	• 바이오메디컬분야	• 학문구조 종합개편을 통한 융·복합 교육 강화	
	동덕여자대학교	• 미래를 여는 INTERGRITY+ 동덕	—	• 동덕 다이내믹 리더십, 1+항 교과과정 운영을 통한 창의적 리더십 능력 개발	• 특성화에 대한 구체적 계획이 전혀 없음
	루터대학교	• H.E.L.P(Human focused Education and Leadership for sustainable Prosperity) 융합교육 중심대학	• 신학과 특성화	• 융합형 인재교육을 위한 융합교육 과정 강화	
	명지대학교	• 사랑과 창조의 글로벌 리더	• 전통 건축학 특성화	• 글로벌 역량 교육과정 강화	
	삼육대학교	• 사람을 변화시키는 교육, 세상을 변화시키는 대학	• 건강과학(중독) 특성화	• 산학협력 연계 교육과정 축대	

부록 | 235

권역	학교	비전(Moto)	선택과 집중(Concentration)	차별화(Differenciation)	비고
	성명대학교	• 21세기를 창조하는 역동적 글로벌 대학 글로벌 다이내믹 성명	• 가족복지 분야, 역사문화 분야	• 어느 대학 과부를 통한 글로벌 학생 역할 강화	• 비전이 너무 함축 되어 있음
	서강대학교	• 서강, 최고수준의 자랑스러운 예수회 대학	• 유럽어문분야, 커뮤니케이션 분야	• 지식융합학부 등 융합 형 학부 구성 을 통한 융합형 인재 육성	• 타 학교와의 차별 화가 뚜렷하지 않음
	서경대학교	• 21세기 글로벌 인재를 양성하는 실용 교육 중심대학	• 기문학 특성화	• 수요자 중심의 교육체계 구축을 통한 첨단 실용인재 육성	
	서울과학기술대학교	• 과학과 인간의 꿈을 실현하는 세계 속 의 대학	• 에너지 바이오, 디자인, 조형예술 분야	• 실용교육, 산학협력 역할 우수	• 서울산업대에서 종합대학으로 변경
	서울기독대학교	• 역량중심의 교육을 지향하는 소규모 명문대학	• 국제경영정보학, 통합적 사회복지 학과	• 현장연계 교육을 통한 실무능력 배 양과 교육영역 확장	
	서울대학교	• 세계를 선도하는 창의적 지식공동체	• 어문학계열, 농, 경제사회학분야	• 신문명 프로젝트를 통한 세계 속의 서울대인 양성	• 전 분야 학문별 특 성화
	서울시립대학교	• 배움과 나눔의 100년, 서울의 자부심 (진리-창조-봉사)	• 건축, 도시공학, 세무 분야 특성화	• 진로별 맞춤 이수과목 제도, 개인별 맞춤 진로지도 프로그램	
	서울신학대학교	• 글로벌 경쟁력을 갖춘 기독교 명문 대학	• 고전어(헬라어, 히브리어) 분야	• STU 미래인재 육성프로그램 운영 을 통한 지성 교육강화	
	서울여자대학교	• PLUS형 인재를 양성하는 글로벌 교 육중심 대학	• 언론영상학 분야, 식품공학 분야	• 글로벌 외국어 및 다문화 교육체 계 구축을 통한 글로벌 역할 강화	
	성결대학교	• 책임지는 대학 입학에서 졸업 후까지 책임지는 교육중심 대학	• 노인복지학과, 응급간호, 보건건강 분야	• 평생교육: 동문 재교육 및 경력관 리 지원	• 특성화 정책이 부 각하지 않음
	성공회대학교	• 평화공동체 대학	• 아시아 평화공동체와 산업연계 강화	• 산학협력 특성화	• 주축적인 특성화 계획
	성균관대학교	• 한국을 대표하는 글로벌 대학의 자부 심 SKKU	• 유아동양한 분야	• 융·복합 연구 교육 활성화	• 전방위 학문별 특 성화
	성신여자대학교	• 미래를 선도하는 여성 전문 인력의 요람	• 건강복지, 문화콘텐츠공예 분야	• 교양교육원 설립을 통한 교양교육 분야체계화	

권역	학교	비전(Moto)	선택과 집중(Concentration)	차별화(Differenciation)	비고
	성신여자대학교	• 미래를 선도하는 여성 전문 인력의 요람	• 건강복지, 문화콘텐츠공에 분야	• 교양교육 영 실용을 통한 교양교육 분야 체계화	
	세종대학교	• 아시아 50대 대학 진입	• 호텔외식 분야, 기후변화 분야	• IN/OUT-Bound 국제교류활성화 비전이 불명확함	
	수원대학교	• 창조적 전문성, 진취적 개척정신으로 인류에 봉사하는 글로벌 리더	• 정보공학 분야, 기술공학 분야	• 학사 · 석사 5년제 프로그램을 통한 교육생산성 극대화	
	숙명여자대학교	• 존중과 사랑의 리더십숙명 Sookmyung, U of Inspiring Leadership	• 호텔외식 분야 특성화	• 블루리본 프로젝트(학생역량 강화 프로그램)을 통한 학생연구, 교육 강화	
	숭실대학교	• 융합을 통한 창의적 21c의 도전으로 학생이 만족하는 강한대학 Best Choice Soonsil	• IT 분야 특성화	• 교육과정 체계화 및 다양화 (BALANCE교양교육, Master전공교육, Funབ་교과교육)을 통한 창의인재 육성	
	신경대학교	• 창조산업을 선도하는 교육과 연구의 글로벌 스탠다드	• 경찰행정 분야, 노인복지 분야	• 사이버교육체계 구축을 통한 실무형 교육서비스 제공	
	아주대학교	• 융합학문을 선도하는 세계수준의 대학	• 의료, 간호 분야, 공학전반, 건설시스템공학 분야	• 학과 집중형 실사구시 학풍, 전통적 강호 학과에 대한 성장지수가 높은 학신	LINC, ACE, CK, BK21, 고교 교육 정상화기여 등 5관왕
	안양대학교	• 21세기를 주도하는 아름다운 리더십 양성	• 관광, 유아교육 분야	–	재정지원제한대학(2013)
	연세대학교	• where me make history	• 의학 분야(특정 분야 또는 학과의 집중보다는 전분야에 고른 강점)	• 글로벌 명문 교육, 세계수준 연구 확립, 공동체 문화확산, 멀티 캠퍼스 차별화	전 방위 학문별 특성화
	이화여자대학교	• 세계최고를 향한 학신 이화	• 전자공학, 의학, 법학, 인문(어학) 등	• 세계 최초 여성 공과대학, 강력한 동문 네트워크	
	인천가톨릭대학교	• 그리스도교 생명문화 정종 ICCU (ICanCureU)	• 신학, 조형예술, 보건(의료)대학	• 핵심역량 기반 학생경력개발 시스템 운영	관동대학교 인수

영역	학교	비전(Moto)	선택과 집중(Concentration)	차별화(Differenciation)	비고
	인전대학교	• 지역의 인재를 창의적인 세계인 인재로 양성하는 대학	• 국제통상(동아시아), 중국관련인학 분야	—	
	인하대학교	• 인재도야-진리탐구-사회봉사	• 조선해양공학, 기계공학, 산업경영공학, 국제통상, 글로벌금융	—	
	중앙대학교	• 세계적 수준의 지식창조 및 학습역량 보유대학	• 문화미디어콘텐츠분야, 의학 분야, 지식서비스산업 분야	• 대규모 구조조정을 통한 학사조직 혁신	
	총신대학교	• 글로벌 크리스천 리더 양성의 선도대학	• 신학, 교회음악, 사회복지 분야	—	
	평택대학교	• 보다 내가 세월을 행하리라 – 진리, 정의, 봉사	• 국제유역, 물류유통, 다문화 가족복지 분야	—	
	한경대학교	• 진리-창조-실천	• 친환경 설계, 신재생에너지환경, IT 융합, 농생명바이오 분야	• 교육, 학문, 산학협력 특성화	경기도 유일의 국립대
	한국성서대학교	• 성감의 인재를 양성하는 학부교육 중심대학	• 성서학, 사회복지, 기독, 영유아복지 분야	• 성서 근본주의적 교육	
	한국외국어대학교	• 대한민국 제1의 글로벌 융합대학	• 영어 및 3국어(동아시아), 아프리카, 남미언어 등 특화	• 어학, 지역학을 중심으로 한 융복합 교육	
	한국체육대학교	• 진리-봉사-창조	• 스포츠과학, 특수체육, 레저스포츠 분야	—	엘리트 체육인재 양성, 메달리스트 다수
	한국항공대학교	• 세계적 수준의 항공우주 특성화 대학	• 항공운항, 항공교통물류학, 항공시스템공학 분야	• 항공우주 분야 연구역량 강화(관련전문가 취업 우수)	
	한성대학교	• 서울의 센터 한성대-상상력인큐베이터	• 무용, 패션디자인, 애니메이션분야	• 실무중시 밀착형 커리쿨럼, 야간대학 유지화를 통한 평생교육기관 기능 강화	취업과 자기계발을 위한 '교육장학금' 지급
	한세대학교	• 세계를 향해 나아가는 의–진리–사랑의 대학	• 친환경디자인, 보건복지 분야	—	
	한신대학교	• 더불어 가는 실천지성 구성	• 정보통신, e비지니스 분야	• 글로벌 서번트 실천인재 양성, 포인트 장학금 제도, 맞춤형 취업 지원	

권역	학교	비전(Moto)	선택과 집중(Concentration)	차별화(Differenciation)	비고
전라-제주권	한양대학교	• Power up HY (브랜드력, 인재력, 자산역량)	• 스마트 그리드, 신재생에너지, 디스플레이, 극한공학, 로봇공학등 공학 분야전반	• 유연하고 탄력적인 인재양성 교육과정	
	한영신학대학교	• 진리-영성-실천(건학이념)	• 선교영어, 교회음악, 기독교아동복지분야		
	협성대학교	• 미래로 세계로 나아가는 협성대학교	• 학습경영유망분야	• 학습지원프로그램 다양화, 기독교 영성교육프로그램 운영	지역거점형 강소대학 지향
	호남대학교	• 국가와 인류발전에 이바지 할 수 있는 자주적/창조적/행동적 인재 양성	• 미술치료분야, 건축분야, 사범계열, 도시공학 분야	• 창직자를 위한 지원 프로그램 운영	
	광신대학교	• 하나님 말씀을 실천하는 글로벌 리더 인재양성 대학		• 해외선교, 사회봉사 프로그램 강화를 통한 선교중심 교육 구현	특성화 계획 전무
	광주대학교	• 글로컬 창의인재양성과 지역창조를 선도하는 교육 명문대학	• 광융합분야 신업, 디자인 신업, 라이프케어 신업	• 지역가치 기여를 위한 지역밀착 교육과정 운영	
	광주여자대학교	• 실용중심의 창의적 글로벌 여성인재 브랜드 대학	• 전문헤양성케어분야	• 실용학문위주의 학과 구성	
	군산대학교	• 새만금과 함께 세계로 나아가는 지역거점의 특성화대학	• 해양바이오, ICT, 새만금 중심 분야	• 지역 중심, 창의 글로컬 중심 교육	
	남부대학교	• 창의적·실용중심전문인력양성대학 내·세계적으로 미약하였으나 내·중은 집이 창대하리라	• 사회복지관련 특성화	• 직업교육을 통해 학생들이 직업소양 함양	
	동신대학교	• 국내최고수준의교육중심대학 • Dream&Smile 나를 키워주는 대학	• 문화관광 분야, 보건복지 분야, 바이오·에너지 분야	• Together 기반 프로그램을 통한 지역기반 강화	
	목포가톨릭대학교	• 사랑을 실천하는 사범전 최고 보건복지대학	• 간호사양성, 유치원교사양성	• 실무연계 인성 교육과정	보건복지 내 구체적인 특성화 정책이 없음

권역	학교	비전(Moto)	선택과 집중(Concentration)	차별화(Differenciation)	비고
	목포대학교	• 신해양시대의 리더-지역에서 사랑받고 존경받는 국립명문대학교	• 조선해양-신재생에너지, 해양레저스포츠, 골든씨앗양산업, 친환경대양바이오	• 실무 취업중심교육, 지역전략산업 연계 해양분야 특성화	신해양신산업 특성화대학 목표
	목포해양대학교	• 해양 특성화 교육을 통한 글로벌리더 양성	• 항해정보, 해양안전, 해양메카트로닉스, 해양플랜트 분야	• 해양관련 단과대학 운영	
	서남대학교	• 21세기형 인재육성을 통한 명문사학의 실현	• 보건의료, 경영경정 특성화	• 지역사회와의 연계 교육과정 구축	
	세한대학교	• 청년의 꿈과 함께 세계로 비상하는 글로벌 육의 선도대학	• 보건복지 성장 분야 특성화	• 성장하는 분야 연구 활성화를 통한 연구역량 강화	
	순천대학교	• 세계로 도약하는 남해안권 선도대학	• 농업경제, 생명환경, 식품과학, 식물공학 분야	• 비교과과정 취업권련 인증제	
	예수대학교	• 기독교의 진리와 사랑을 실천하고 국가와 인류발전에 공헌	• 간호 분야(신학과 없음)	• 기독교 정신의 간호사 양성 전문대학	
	우석대학교	• Unique & Best – Global woosuk	• 보건복지, 사회체육, 전환경 분야	–	
	원광대학교	• 국내 최고의 인문융합 생명존중대학	• 한의학, 의생명, 그린에너지, 군사학 분야	• 인문학적 소양교육 강화	
	전남대학교	• 혁신교육, 창의연구, 열린소통 하는 전남대학교	• 환경공학, 수산생명의학, 산림자원 분야	• 수요자중심 글로벌 창의인재 교육	호남권 최대 규모 대학
	전북대학교	• 자유 정의 창조	• 농업생명, 화학, 고분자나노 분야	• 인성 창의성 감수성, 사회성 등 전인적 교육	
	전주대학교	• 교육만족도 1위 기독교 명문사학	• 의사신문, 한식조리 분야	–	
	제주대학교	• 아시아의 명문, 세계의 중심	• 말산업, 관광 분야	• 통섭형 글로벌리더 인재 양성	
	조선대학교	• 부강한 국가건설 세계로의 공헌	• 디자인공학, 자동차공학, 에너지자원공학 분야	• 다양한 연계전공 프로그램 운영	
	조선대학교	• 부강한 국가건설 세계로의 공헌	• 디자인공학, 자동차공학, 에너지자원공학 분야	• 다양한 연계전공 프로그램 운영	

권역	학교	비전(Moto)	선택과 집중(Concentration)	차별화(Differentiation)	비고
중정권	초당대학교	• 실용지식 창조와 글로벌 인재육성	• 항공운항, 정비, 간호학 분야	• 기초 교육 역량 강화	
	호남대학교	• 인간화-민족화-현대화(창학이념)	• ICT분야, 축구학과(타 대학의 경우 제외하고 소속이 일반적)	• 3+1학사제(4학년과정 선압제, 해외, 재택학습 등)	재정지원제한 (2014), 특성화 중 6개 선정(광주호남 1위)
	호원대학교	• 이웃과 사회에 희망과 도움을 주는 대학	• 자동차기계공학, 패션디자인, 응급구조 분야	• 자격증 취득, 현장실습과정 이수 등 현장형 인재 교육	능공정비 특성화, 패션 특성화(2개 사업 선정)
	건국대학교 글로컬캠퍼스	• 창의적 인재양성과 신지식 창조의 글로컬 스탠더드	• 수의학 분야	• 창의적 미래 인재양성을 위한 학습자 중심의 교육과정	
	건양대학교	• 참된 인성을 갖춘 창의적 인재양성	• 의료경영분야	• 역량중심 교육과정, 기초 교양 교육 대학, Residential College	특성화에 대한 이해도가 높음
	고려대 세종캠퍼스	• 대한민국 중심 Global Leading Campus	—	• 국제표준 교육프로그램 및 글로벌 연구 네트워크 확대를 통한 글로벌 수준의 교육역량 강화	전 방위 학문별 특성화
	공주대학교	• 미래를 향한꿈, 세계를 향한도전	• 농림수산, 영상공연-애니메이션 분야, 사범계열	• 3캠퍼스 단과대학 분리 운영	단과대학 계열별 캠퍼스 운영(3개까지 역-공주(중심)-천안(공학)-예산 (농대)
	극동대학교	• 실무중심의 전문 인력을 양성하는 중부권 명문대학	• 항공운항서비스 분야	• 취업위주의 학과운영	
	금강대학교	• 세계 일류의 소수정예 교육의 전당	• 불교학을 바탕으로 하는 인문학 특성화	• 개인지도 방식의 엘리트 소수정예 교육과정	
	꽃동네대학교	• 국내 최고의 사회복지 특성화 대학	• 사회복지 관련 특성화	• 사회복지 관련 전문학과만을 개설하여 집중적 복지 분야 인재 양성	사회복지분야 특성화 대학

영역	학교	비전(Moto)	선택과 집중(Concentration)	차별화(Differenciation)	비고
	나사렛대학교	• 기독교 정신으로 공동체에 헌신하는 융합형 인재양성 • 새롭게 사고하고 실천하자, 하나님을 경외하고 전파하자, 이웃을 존중하고 사랑하자	• 재활복지 분야	• 나사렛 인재상 및 미션 실현을 위한 기독교연관 교육과정 운영	
	남서울대학교	• 미래창조형 섬기는 리더 양성대학 • Noble! Superior! Unique!	• 보건복지, 물류유통 관련	• 학과의 융합화를 통해 융합교육 체계 구축	
	대전대학교	• 세계 수준의 특별한 학부 교육 중심 명품대학 • 튼튼한 기본에 '특별한 경험'을 더하여 학생의 미래를 창조하는 대학	• 국가안전재난관련 특성화	• Liberal Arts College를 기반으로 하는 중·복합교육 특성화	타 대학과 차별되는 교양교육과정 운영
	목원대학교	• 글로벌 인재를 양성하는 학생중심 대학	• 건축분야, ICT분야 특성화	• 인성 감성 및 기초전공 강화를 위한 교양체계 구축	
	배재대학교	• 창의인재로 지역가치를 PLUS하는 행복대학	• 유아교육 분야	• 지역가치 기반 창의교육, Hidden CHAMPION	집중화 부분이 미약
	백석대학교	• 기독교대학의 글로벌리더	• 장애인복지 분야	• 지역연계 교육과정 강화	
	선명회대학교 천안캠퍼스	• 21세기를 창조하는 역동적 글로벌 대학 글로벌 다이내믹 성명	• 정보통신공학, 산업디자인 분야	• 외국 대학 교류를 통한 글로벌 학생 역량 강화	
	순천향대학교	• 미래 한국을 선도하는 존경받는 대학	• 경영행정 분야, 금융보험 분야	• SRC(Soonchunhyang Residential College)를 통한 공동체 문화 추구	
	영동대학교	• 인성과 창의성을 갖춘 미래인재를 양성하는 건실한 대학	• 보건계열	• 수요자 중심 교육, 실무형 인재 양성	
	우송대학교	• 아시아 최고의 특성화 대학	• 호텔외식조리학, 철도물류대학	• 실무 위주 교육과정 구성, 1년 4학기제	
	을지대학교	• 21세기 헬스테크놀로지를 선도하는 국내최고의 보건의료 특성화대학	• 의료서비스, 바이오산업, 보건복지, 의료기기, IT융합 분야	• 실무 지향적 교육, 산학협력 강화를 통한 취업전략 실행	

권역	학교	비전(Moto)	선택과 집중(Concentration)	차별화(Differenciation)	비고
	중부대학교	• 바른 인성을 갖춘 창의적 인재양성	• 경찰행정, 인삼약초 분야	• 산업수요 맞춤형 교육	LINC사업선정
	중원대학교	• 미래를 선도하는 창의인재의 요람	• 항공우주, 의료보건, 신성장 동력산업(녹색기술, 첨단융합, 고부가 서비스)	• 수준별 영어능력향상교육프로그램, 영어멘토링제	
	청운대학교	• 세계인시대를 선도하는 창의, 실용 교육 특성화 대학	• 공연영상, 호텔관광 분야	• 실무중심교육	
	청주대학교	• 글로벌시대를 주도하는 중부권 최고의 명문대학	• 디지털문화콘텐츠, 보건의료/바이오, 신재생에너지, 항공군사 분야	• 창조형, 실용형, 지역중심형 인재양성	
	충남대학교	• 창의-개발-봉사정신이 풍부한 인재양성	• 나노소재, 재료공학, 기계공학, 전자, 의학, 수의학, 동물자원, 등	• 해외 공동학위 취득, 연구역량 우수, 학생 취업지원 및 장학지도 우수	재정지원사업수 혜대학 규모
	충북대학교	• 대한민국의 중심, 꿈을 이루는 창의 공동체	• 바이오정보, 그린에너지 분야	• 기업 맞춤형 트랙, 취업능력향상프로그램 운영	
	한국교통대학교	• Connect the world	• 철도운영, 철도물류, 장비 분야	• 국내유일 교통특성화대학, 현장중심응용교육, 산학연 협력연구 및 교육	2012년 철도대학 통합
	한국기술교육대학교	• 국내최고의 실천공학과 인적자원개발의 창조적 중심대학	• 에너지신소재, 메카트로닉스, 기계공학, 전기전자통신 분야	• 교수 1인 17명제, 우수 산학협력 역량을 활용한 현장실습능력 교육 (비율 50%)	실천공학교육, 평생 능력개발 분야 우수대학
	한남대학교	• 아시아 1명문 기독교대학	• 나노신소재, 국방전략 교육 분야	• 국제화, 신소재, 국방 분야, 선택과 집중을 통한 특성화	
	한밭대학교	• 산학일체교육의 세계일류 대학	• ICT, 바이오, 첨단부품소재 분야	• 수요자 중심 학사운영, 창의교육	산업대에서 종합대로 전환
	한서대학교	• 창의-신념-공헌(건학이념)	• 항공우주(헬리콥터조종학과, 항공교통, 항공기계, 항공전자공학과), 애니메이션	• 종합항공교육인프라보유, 항공운항분야 특성화학과 운영	문화 산업융합성지 인재양성사업 교육부선정특성화 우수대학
	호서대학교	• 벤처정신으로 앞서가는 세계수준의 대학	• 식품, 제약공학, IT융합, 게임개발 분야	• 창업지원 역량	특성화사업단 5개선정

■ 전문대학 특성화 현황 표

권역	학교	비전(Moto)	선택과 집중(Concentration)	차별화(Differenciation)	비고
강원권	강릉영동대학교	• 합리적인 사고와 투철한 사명감을 지닌 실무 중심형 인재를 양성하여 사회와 국가산업 발전에 공헌 • 지역전략산업 핵심인재 육성대학	• 녹색 의료관광 창의인재 양성	• 웰니스 캠퍼스 구축 • NCS기반 교육역량강화 • 지역 상생활동 강화	
	강원관광대학	• 글로벌수준의 관광·보건 중심대학 • 기독교정신을 바탕으로 국가와 이웃에 공헌하는 글로벌 인재양성	• 카지노 관광 분야	• 특성화학과를 중심으로 한 융합형 인재양성	
	강원도립대학	• 지성과 남만, 꿈이 살아 숨 쉬는 경쟁력 있는 21세기 중심대학 • 21세기 정보화시대의 국가와 지역발전에 중추적인 역할을 담당할 고급전문 인력 양성	• 강원도 전략산업에 기여할 전문 기술 특화	• 학생행복 Program 2020으로 교육시스템 혁신특성화 추진	강원도 지역 전략 산업 하에서 특정 분야를 특화하지 못함
	상지영서대학교	• 명품 전문 인력 양성, 명품교육과 취업의 메카 • 지식기반산업 및 청초경제의 명품전문 인력 양성	• IT융합산업 • 서비스산업	• 강원 중부내륙이 청조경제 선도	
	세경대학교	• 사람과 봉사 정신으로 세계를 품을 수 있는 이론과 실체를 겸비한 지성인을 양성하여, 지역빌전과 국가경제에 기여 • 지역사회 봉사 및 공동체의식을 바탕으로 한 사회서비스 분야의 중심대학	• 사회서비스 분야 특화	• 통합전공 체제구현 • 글로벌기반 산·관·학 사회서비스 협력체계 구축	
	송곡대학교	• 믿음, 소망, 사랑을 실천하는 전문 인재 양성대학 • "W.I.T.H 송곡 2020!" 행복한 삶을 실천하는 전문 인재 양성	―	• 지역사회를 선도하는 행복실천 전문 인재 양성	명확한 특화 분야 설정이 되지 못함

권역	학교	비전(Moto)	선택과 집중(Concentration)	차별화(Differenciation)	비고
대구-경북권	송호대학교	• WOW (Waves Of Wisdom and Worth) 브랜드 전문 인력 양성의 중심 • 감성적이고 창의적인 융합형 인재 양성 • 지역산업을 선도하는 가치창조형 전문인력 양성	• 보건 의료 • 관광 레저 • 교육 복지	• 감성적이고 창의적인 융합형 인재 양성에 기반한 지역거점특성화 전략 추구	대학이 보유한 역량보다 넓은 분야를 특화함으로 인해 경쟁력 상실
	한림성심대학교	• 창의적 지성을 갖춘 실무형 전문 직업인 양성 • 최고의 경쟁력을 갖춘 직업교육 명문 대학	• 헬스케어 + 엔터테인먼트 산업 분야 특화	• 전문 직업인력 배출을 통한 대학 성화 교육의 명문화 추구 • 지역산업 동반성장의 선순환 협력체계 구축	
	가톨릭상지대학교	• 사람을 사랑하고 일을 사랑하는 전문 직업인의 교육 요람	• 간호, 보건 분야 • 노인, 장애인 복지 및 호스피스 교육	• 구미-구미 외곽-인접지역 등 5개의 산업단지를 기반으로 한 평생직업 교육 대학 • 구미 산업단지 맞춤형 직업능력 개발	특정 산업 단지를 기반으로 한 사회복지 서비스 특화
	경북과학대학교	• 새로운 창조를 도모하며 3S 교육 실현 • 박애정신에 투철하고 건실한 생활인으로서 거래와 인류에 공헌할 창조적 전문인 양성	• 디지털 문화 콘텐츠 및 모바일 콘텐츠	• 계열 연구소, 산학체 연계 특성화 교육모델 발전(P/T 교육 정착)	
	경북도립대학교	• 국가와 지역사회 발전에 기여할 수 있는 우수 전문 인력 양성 • 새천년 미래를 여는 새 경북의 중심대학 "더 나은 미래를 위한 새로운 시작"	• 글로벌 분야	—	특성화 분야가 존재하지 않으며 대학과의 차별점을 지니지 못함
	경북전문대학	• 인성과 창의성을 갖춘 전문 직업인 육성 • 실용적 고등직업 교육으로 "세계인에게 착한 기초된 자주, 진리, 봉사의 실현	• 지역사회 헬스 케어 분야	• KBC 핵심 전문직업인 양성 • 특성화 브랜드 NICE DREAM 구현 (NICE: NCS Integrated Crative Education)	지역사회 및 국가 기간산업 연계를 위한 NCS 기반 교육과정 활용 및 성과 우수

영역	학교	비전(Moto)	선택과 집중(Concentration)	차별화(Differenciation)	비고
	계명문화대학교	• "Creative 계명, 글로벌 문화리딩 육성" • 대구와 함께 세계로 나아가는 영남 제1의 직업 교육 중심대학	• 지식기반 문화창조산업 선도	• 인문 사회계열, 예·체능 계열의 전국 유일 중·복합계열로 특성화	
	구미대학교	• "내일의 꿈이 있는 대학" • 실무중심 전문직업인의 요람	• 구미 지역의 IT 산업 및 라이프 케어 선점	• 고용예약 RJT(Reseved Job Training) 기반의 창의인재 양성	
	김천과학대학교	• 글로벌 휴면케어 전문인재 양성대학 • 인성, 창의성, 글로벌역량을 겸비한 휴먼케어 전문인재 양성	• 글로벌 보건 의료 특성화	• 글로벌 역량과 지역사회 발전에 기여할 수 있는 인성을 동시에 겸비한 인재 양성	
	대경대학교	• 21세기 지역 보건 의료 및 문화 관광산업을 선도하는 현장전문 인력 양성 • 세계 명문 직업교육대학 육성	• 보건의료 및 문화관광산업 선도	• 산학일체형 교육 및 국제화 추진을 통한 글로벌 인재 양성	• 지역 사회 요구 분야에만 초점을 맞춰 경쟁력이 미미한 특화분야들 선정
	대구공업대학교	• 세계로 미래로! Job First	• 창조형 전문기술인 양성을 통한 최고의 전문대학으로 육성/발전	• 집단 교육시스템을 완비하여 우수 인재를 양성하는 교육에 집중 • 품격 기를 실천하는 창의형 인재양성을 위한 교육과정 통합	• 법인관련 교육기관으로 부설 하는 유치원과 가야대학교가 있음
	대구과학대학교	• 신기술·신학문을 추구하는 신지식 기반의 참 인재 양성	• T-Step 기반형 지역서비스 산업 인력 양성	—	
	대구미래대학교	• (Main) 만인에 의한, 만인을 위한, 만인의 복지 구현 선도 대학 • (Sub) 인생100세 행복학습 사회를 여는 평생직업 교육대학	• 재활·특수교육·복지 특성화대학	• 산학중심의 대학(관련기관) 및 산업체들과의 제휴를 통한 직업교육의 강화)	
	대구보건대학교	• 세계 수준의 보건의료·산업 전문직업인 양성 메카대학	• 보건의료 특성화대학 • 보건의료 임상 통합교육 실현 • 보건의료 취업중심 교육 실현	• 윤리교육 강화 • 글로벌 교육역량 강화	

권역	학교	비전(Moto)	선택과 집중(Concentration)	차별화(Differenciation)	비고
	문경대학교	"Good College" ·지역과 함께 발전하는 실무 전문 인력 양성 대학	·지역 특화형 헬스 & 휴먼케어 ·명품 인재 양성	·글로컬 인재양성을 위한 지기역량 강화	
	서라벌대학교	"The New Healing Creator, Sorabol"	—	·평생직업 교육 특성화 대학 ·취업률 80%에 도전하는 영남 최고의 평생직업 교육대학	특성화사업단 국내 대학 최초로 NCS에 따라 설계된 과정 개설
	선린대학교	·국내최고 인성 + 직업융합교육 대표 대학	·실용 인재양성 특성화대학 ·산학체제 중심 교육과정 도입 및 산학협력 특성화	·인성교육 특성화 대학 ·선진 인성 교육도입/강화 및 현장 체험 중심 실습교육 강화	
	성덕대학교	·국가와 지역발전에 기여하는 경쟁력 있는 특성화 대학	·재활 및 보건·복지 전문 인력 양성 대학	·지역재배려 인성교육·힐리적사고, 창조정신배양·세계화·국제화시대 소양과 인격 갖춘 인재 육성	
	수성대학교	·휴먼케어 특성화대학: 휴먼케어 역량 비수도권 Top20 ·"Restart! Human Care Suseong"	·헬스케어, 라이프케어, 에듀케어 분야 실무역량 및 전문성 강화	·인성함양 특성화 ·3대 품성 인증분야(인성, 리더십, 봉사실천) 프로그램 이수 실적 평가 후 인증서 발급	
	안동과학대학교	"Top 10 in Korea" ·창의성과 전문성을 겸비한 실무 인재를 양성하는 취업중심 명문대학	·실용학문중심의 특성화교육 강화	—	
	영남외국어대학교	·창의적이고 전문적인 21세기형 인재 양성	·외국어, 정보, 문화관광 특성화	·이러닝 특성화	
	영남이공대학교	·세계수준의 직업교육 동아시아 거점 대학	·비교우위 학문분야(메카트로닉스, 간호보건복지) 특성화	·창업 및 평생학습 특성화	
	영진전문대학	"World Challenger Yeungjin" ·세계에 도전하는 대학	·IT융·복합 기반 첨단소재 부품산업, 첨단융합 의료서비스 지원 산업 연계 핵심인력 양성	·BESTA++ CEDUALTRACK을 통한 명품대학 구축	

권역	학교	비전(Moto)	선택과 집중(Concentration)	차별화(Differenciation)	비교
동남권	포항대학교	• 지역사회와 함께하는 세계적 경쟁산업 특성화대학(취업률 Top 10, 교육역량 Top 20)	-	-	명확한 특화 분야 설정이 되지 못함 : 미흡사례
	동신대학교	• 진리·창의·봉사를 바탕으로 복지사회 산업 역군을 길러 나라와 인류문화 발전에 공헌	-	• 지역산업 기반 평생 직업 교육화 수 대학	명확한 특화 분야 설정이 되지 못함 : 미흡 사례
	가제대학교	"조선산업 중심 거제시! 실용교육 중심 가제대!"	• 조선해양플랜트 전문·선도인력 양성	• 지역 조선산업에 기여할 인재 양성	
	경남도립거창대학	• "취업명문 교육실로" 경남기술사관 대학' 달성	• 기계 플랜트분야	• 경상남도 5+1 핵심 산업 맞춤형 융합인재 양성	
	경남도립남해대학	• 세계수준의 해양 산업특성화 전문대학 • 지식기반산업 및 창조경제의 핵심 전문인 양성	• 경상남도 해양플랜트·관광산업 특화	• 4C-up형 창조경제 전문 직업인 양성 • 경남도민의 교육복동권 및 평생학습권을 보장하는 고등직업 특성화 대학	대학 비전 및 발전 목표에 해당 산업 특성화를 명시하여 정체성을 확립함
	경남정보대학교	• 기독교정신에 입각한 근면, 자립, 협동, 신앙을 통한 하나님과 인류를 위한 봉사 • 맞춤식 취업교육을 통한 세계적수준의 직업교육 선도 대학	• 보건 복지 분야 • ICT 분야	• 지역 밀착 산학협력 선도 대학	
	김해대학교	• 최고수준의 지역거점 실무 교육 중심 대학 • 창의적사고를 정의롭게 실천하는 인재 양성	• 힐링케어 전문 인력 (사회복지,디자인, 호텔외식) • 사업 지원 전문 인력 (재무,금융,부동산)	• 지역산업 밀착형 첨단공공 전문 인력 양성 • 차별적 역량강화 프로그램 운영	타 대학과 차별화된 역할을 가지지 못함
	대동대학교	• 시대의 요구에 부응하는 창의적 인재 양성 • 학생의 가치를 실현하는 부산권 대표대학	• 바이오헬스 산업의 현장중심 인력 양성 • 의료관광 산업 특화	• 직업기초 능력 강화 사업 • 글로벌역량 강화 사업	

권역	학교	비전(Moto)	선택과 집중(Concentration)	차별화(Differenciation)	비고
	동부산대학교	• 인성과 창의력을 겸비한 자기혁신형 실무 전문가 양성 • 동남권 지역발전을 선도하는 특성화 중심 강소대학 "New Start DPC 2020+"	• 보건 복지 분야	• 자기혁신형 실무전문가 양성 • 핵심역량 개발모델 D-SPEC 프로그램 운영	
	동의과학기술대학교	• 현장실무형 글로벌 인재 양성대학 • 인문교양에 공헌하는 전문인력 양성	• 사회서비스 분야 (보건, 외식, 사회복지 등)	• 창의적 서비스 인력 양성 프로그램 운영	
	동의과학대학교	• 학생의 가치를 극대화하는 세계 최고 수준의 전문대학 • 성실하고 유능한 전문기술인의 육성을 통하여 일류국가 발전에 기여	• 공학 기술 산학협력(에너지, 기계, 전기·전자, 식품 등)	• NCS기반 산업 지향적 직업 교육 혁신시스템 (DIT-VISION사업) • 글로벌 현장실습 및 인턴십 프로그램 활성화	• 다양한 산학협력 실적을 보유하고 있으며 공학계열 위주의 산학협력 모델을 보유하고 있음
	동주대학교	• 인성과 기술을 교육하는 전국TOP10 전문대학교	• ECHO 4S를 통한 동남권 보건/교육 분야 핵심 직업인 양성	• 특성화 분야 맞춤 직무 분석을 통한 NCS기반 교육과정 개편 • 수수 지도관리 (선업 해심 직업인) 배출 프로그램) 시스템 구축	
	마산대학교	• 맞춤 받는 전문인을 양성하는 동남권 전문대학 TOP3 • 경남 최고의 창조형 고등직업 교육의 HUB	• 휴먼 메디바이오 • 창원 혁신 산업단지와의 공학기술 융합	• NCS기반 교육운용 시스템 (M-CT)를 활용한 지역 MATCH 인재 양성	• NCS를 활용한 특성화로 정부 요구 사항을 반영하고 구체적인 산업단지와 결합
	부산경상대학교	• 나라와 겨레의 발전에 이바지할 참된 일꾼 양성 • 2020 지역 최고이고 강소 글로벌 전문대학 교육품질, 취업품질 최우수 대학	• 비즈니스 계열 (경영, 유통, 광고 등)	• KS-T형 인재배출 (교육환경개선, 장학금지원, 사업운영 등)	

부록 249

권역	학교	비전(Moto)	선택과 집중(Concentration)	차별화(Differenciation)	비고
	부산과학기술대학교	・지역사회와 소통하며 꿈을 실현하는 과학기술 허브 대학 ・진리탐구와 과학적 사고를 바탕으로 사회에 봉사하는 창의적인 실용기술을 갖춘 기능인 양성	・고령친화산업 및 보건·교육·관광 등의 사회서비스 산업	・지역 전략산업 기반 융합형 휴먼테크 인재 양성 ・SMART형 교육 실시	
	부산여자대학교	・창의적 개성과 감성적 여성가치를 실현하는 취업 실무 중심 대학 "빛나는 여성가치의 실현시키는 영문 유일의 여자대학"	・4W 기반의 휴먼케어서비스 인재양성	・win-win 융복합 서비스 교육 4W 인재 양성 프로그램 운영	
	부산예술대학교	・우수한 21세기 현장전문 예술인 양성으로 선도적 다목적·다문화예술 생태계로 도약 "예술은 시대정신! 나만의 크리에이티브에 날개를 달다"	・공연 예술 분야(성악음악, 연극, 무용 등)	・글로벌 예술 대학지향	
	연암공업대학교	・첨단 기술 시대의 주역이 될 인재 양성 ・글로벌 역량을 갖춘 창의적인 전문기술인 양성	・통신, 금형, 디스플레이 등의 LG 계열의 주문교육 ・IT·기계분야의 산학밀착 인재 양성	・WCC 산학밀착형 교육	
	울산과학대학교	・세계 최고의 글로벌 직업전문인 양성 대학	・글로벌 분야	・선진직업 교육센터 기반 실천적 교육을 통한 지역 성장산업 맞춤 인재 양성	・특성화 분야 및 맞춤 성과 대학 고유의 설립목적 및 비전과 부합하지 않음
	진주보건대학교	・"작은 대학 큰 미래" ・정보화·세계화시대에 적극적으로 부응할 수 있는 참 인성을 갖춘 전문직 업인을 양성	・21세기형 보건복지 전문인 육성대학	・학습체제 변화를 통한 실무리더 간호사 양성(CARE 시스템)	・특성화 분야 및 맞 춤 성과 대학과 대학 고유 의 설립목적 및 비 전과 부합하지 않음
	창원문성대학교	・최적의 교육환경, 최고의 교육서비스를 통한 지역맞춤형 인재 육성 ・미래주도형 전문인재를 양성하여 기업과 사회에 공헌	・기계기술 기능인력 양성	・산학협력을 통한 특성화	・산학협력을 통한 특성화사업이 타 대학과의 비교우 위 점 없음

250 | 한국 대학의 구조 개혁과 특성화 –
대학의 Metamorphosis

권역	학교	비전(Moto)	선택과 집중(Concentration)	차별화(Differenciation)	비고
수도권	중해보건대학교	• 2020년 국내 최고의 보건·의료특성화 대학 • 인간을 생각하고 미래를 준비하는 남들 이상과 뜻을 가진 21세기 인재 양성	• H2O 기반 글로컬 보건의료 인재 양성	• 융복합 보건의료산업 핵심인재 육성 개발 프로그램 • 국제적 통용 보건 의료 교육 개편	
	한국승강기대학교	• "꿈을 향해 오르는 엘리베이터 한국 승강기대학교" • 승강기 산업의 미래를 선도하는 작지만 강한 세계적인 대학	• 현장리더형 창의적 승강기 전문 인력 양성	• 자동	승강기 전문분야 인물 교육하는 대학으로서 차별성을 지님
	경기과학기술대학교	• 지속가능한 대학성장 기반 구축과 교육 핵심역량 강화를 통한 국제적 위상 제고 및 국가산업발전에 이바지하는 중견기술 인력양성 교육 • 현장적응력이 우수한 산업기술인력 양성 최우수대학	• 스마트기기 및 기계산업 인재 육성 • 자동차 및 전기전자분야의 이공계 중심 전문대학	• 신사업발굴, 가족기업, 그린IB확보 등의 산학협력 특성화 • 실무 위주 교육 프로그램을 통한 수산업 인력양성	산업통상자원부가 설립하고 지원하는 대학으로 지역산업 발전에 기여하기 위해 설립됨
	경민대학교	• 섬김, 모심, 채움, 나눔을 실천하는 대학 • "사람을 키우는 대학교" • 산학협력이 이상을 실천하는 기술인 육성 요람	• 정책영역: 교육, 복지, 예술·문화 • 전략영역: 건물, 보건, 경영 • 비교우위영역: 안전, 체육	• 실천주의 미래 창의인재 양성 • 멘토동반형 교육 체계	전문대학임에도 불구하고 너무 다양한 특화분야 존재
	경복대학교	• 국제적으로 통용되는 보건의료 및 비소분야 전문인력 양성 • 올바른 인격과 민주공인으로서의 자질을 함양하고 문화와 인류공영 실현에 기여할 인재를 육성	• 국제화 분야 • 보건의료 및 서비스	• 100% 취업보장형 산학협력 특성화 거점 대학 사업	특화분야이를 비전에 명시함으로써 가치를 교육하고 있으며, 특성화를 위한 방법으로 차별화된 산학협력교육 행하고 있음

권역	학교	비전(Moto)	선택과 집중(Concentration)	차별화(Differenciation)	비고
	경인여자대학교	"작지만 강한 대학" • 인간을 품고 세상을 움직이는 여성+대학	• IFEZ 글로벌 지식서비스 산업 여성리더 양성	• 참다운 인성의 함양교육 • 각 학과별 특성화 추진 및 실행	
	계원예술대학교	"CREATIVE EPICENTER KAYWON" • 창조적 예술디자인교육의 진앙지	• 디자인(비주얼,애니메이션,콘텐츠,라이프스타일 등) 분야	• 예술+디자인+과학기술 융합 교육 • 감성+지성+실천력을 갖춘 인재양성	
	국제대학교	"도전! 열정! 희망! 학생의 꿈과 기를 성공적으로 이끄는 국제대학교" 국가 산업발전에 기여하고 국제화시대가 요구하는 글로벌 경쟁력을 갖춘 전문직업인 육성	-	• 학생·학문 중심 교육(교육시스템 개편 및 학생지원체제구축)	명확한 특화 분야 설정이 되지 못함
	김포대학교	"사람을 담는 대학, 미래를 여는 대학" 인성을 교육하고 전문직업인을 양성하는 글로벌 대학	• 문화콘텐츠 디지털 컨버전스 주도 • High-end 지향 실버산업육성	• ICT기반 융합형 인재 양성 • 평생학습교육 체제 구축 • 지역주민 대상의 평생 교육 프로그램 운영	재정지원을 수주받지 못하였지만 최근 특성화사업 재추진
	농협대학교	• 농업·농촌·농협 발전에 필요한 인재 양성 • 현장 실용지식을 균형있게 갖춘 차별화된 농협인 양성	• 협동조합 인재 양성(Echo-Coop 프로젝트)	• 좌동	특수 목적을 갖춘 대학으로서 크지 체만으로 차별성을 가짐
	대림대학교	• 최고 수준의 대한민국 대표 고등직업 교육기관 • 국가와 지역 산업 발전에 공헌	• 교육 분야	• 지역기반산업 맞춤형 창의인재양성 프로세스	
	동남보건대학교	• 국민보건과 국가산업 발전에 필요한 신지식인 양성 • 기술과 인격을 갖춘 최고의 전문직업인 육성 • "No.1 보건·의료 산업 특성화 대학"	• 보건·의료 분야	• 대학 목표와 IT의 연계 강화를 통한 대학의 가치증진	
	동서울대학교	"세계적 수준의 고등직업 교육 리더 대학" • 인격과 기술이 겸비된 전인 교육	• 지능형 메카트로닉스	• Best E3 교육시스템을 통한 글로벌 인재양성 • 교육인증 기반의 지역산업 맞춤 HUMART 인재양성	

권역	학교	비전(Moto)	선택과 집중(Concentration)	차별화(Differenciation)	비고
	동아방송예술대학교	• 21세기 문화·예술·미디어 환경을 창조적으로 개척해 나갈 글로벌 리더 육성 • 세계인의 보편적 가치 신장에 기여	• 방송 콘텐츠 분야	• 국가 문화융성을 위한 창의적 방송·예술 인재 양성 • 융합형 콘텐츠 창작 인력 양성	
	동양미래대학교	• 창의적이고 슬기로운 전문직업인 양성 • "아시아 교육 허브 대학"	• 로봇 자동화 분야 전문 인력 양성	• 제조형 지식 산업분야의 현장중심 인력 양성 사업 • 수도권 서남부지역 산업 생태계 변화에 대응한 NCS기반 교육시스템 구축	
	동원대학교	• 융·복합 교육으로 급변하는 기술 환경에 대응하는 창조적인 인재 육성 • 수도권 남부지역 대표 명문기술 직업대학 육성	• ICT 및 관광 분야	• NCS & TWCS를 활용한 ICT기반 융·복합 실무형 창의인재 육성 • 현장적응형 융합산업 전문 인력 양성 산학중점교수 활성화 정책	
	두원공과대학교	• 학신적 직업교육으로 인성 및 실무능력을 겸비한 전문기술 인재 양성 • 세계적 수준의 직업 교육 대학 • "Dreams come true with Doowon!"	• 고부가가치 제조업을 위한 기술 인력양성 • 전력 에너지신산업 분야 특화	• 지역연계 미래 성장동력 산업의 창의적 글로벌 인재 양성 • 산학일체형 교육과정 도입 • 학생주체 ROSE 운동으로 인성 및 리더십 강화	• 공학분야 특화 대학으로서 산학협력을 넘어 산학 일체형 교육과정 운영
	명지전문대학교	• "나의 新 성장발전소 '더' 전문적인 인재로 커나가는 곳" • 성실하고 유능한 인재양성	—	• 융합형 창의인재 양성을 위한 스마트 Co-op 프로그램	• 명확한 특화 분야 설정이 되지 못함
	배화여자대학교	• 대한민국 교육의 근본이념과 기독교 신앙에 입각한 유능한 여성 인재 양성 • 개인의 행복과 발전, 나아가 인류사회 발전에 기여할 수 있는 인재 육성 • 배움과 일이 하나가 되는 실용학문 중심 최고 대학	• 전통 산업 육성(전통음식 및 의상 등)	• 전교생 창의인재 양성을 위한 스마 트 Co-op 프로그램 • 전교생 대상으로 인성, 어학, 컴퓨터 등의 기본소양 교육 강화	

권역	학교	비전(Moto)	선택과 집중(Concentration)	차별화(Differenciation)	비고
	부천대학교	• 사람다운 사람, 일다운 일을 하는 사람, 기술자다운 기술자를 양성하는 대학 • 대한민국을 대표하는 기술가를 육성하는 대학 • 전문 직업인으로서의 창의와 인성을 갖춘 대한민국 대표 전문가 양성	• 서비스분야(기술, 산업, 사회)	• 지역산업 직무기반 Jump-up 창의 인재양성 • 인적자원 양성 프로그램, 산학협력 활성화 프로그램 운영	
	삼육보건대학교	• "행복 나눔으로 세상을 변화시키는 대학" • 우리나라 최고의 보건 특성화 전문대학	• 의료 창조 인재 양성 • 의료 CEO인력 양성	• 미래 헬스 케어 융복합형 직업능력 개발 선도대학	
	서울여자간호대학교	• 글로벌 헬스 케어 특성화 선도대학" • 열린 평생교육 영을 지향하며 대한민국 교육의 근본 이념에 입각하여 국가 발전에 기여할 수 있는 간호사 양성	• 실버케어 분야, 의료 IT분야, 글로벌 헬스케어 분야	• 글로벌 특성화 • 지역 사회 기반 특성화	
	서울예술대학교	• 세계최고의 명문 예술대학 "Global Leading Institute of The Arts" 교육 특성화의 세계화	• 창작적 예술콘텐츠 제작 • 미디어콘텐츠분야, 공연 예술분야 특화	• 글로벌 예술 인재양성 • 新한류 특성화 대학 육성 • 글로벌 현장학습	• 예술대학으로서 예술분야 전분야 특화 대학이 아닌 콘텐츠 관련 신설 분야를 하루와 융합하여 특성있는 특성화 실험
	서일대학교	• 대한민국 발전에 중추적인 역할을 담당하는 인재 양성 • "Smart Seoil!"		• 산학 및 지역사회와 연계한 서일 스마트 특성화	• 특성화 시키고자 하는 분야에 대한 산학협력을 강조하지 못함
	서정대학교	• 인성교육, 신문화창조 교육, 직업 교육 • 지역사회와 소통하는 명품 직업 교육의 메카	• 사회복지분야 특화 • 보건 및 패션업 • 향토산업(패션디자인)	• 미래형 고등직업 교육 운영체제 구축 • NCS기반 교육의 완성으로 명품 직업 교육 운영체제 구축	

권역	학교	비전(Moto)	선택과 집중(Concentration)	차별화(Differenciation)	비고
	수원과학대학교	• 지역사회와 함께하는 대학, 세계화시대를 선도하는 대학 • 사회의 각 분야를 선도할 수 있는 탁월한 인재 양성	—	• 지역사회 발전에 기여하는 혁신적 교육체계 확립	과학대학교의 이점을 살리지 못한 산학협력
	수원여자대학교	• 국가 직업교육을 선도하는 '여성 명품 대학' 구현 • 성실, 박애, 봉사정신을 갖춘 사회공헌 인재 양성	• 간호 및 복지 등의 사회 공헌 • 사회서비스 및 식품분석 클러스터 육성	• 산학연계 Co-op지원 체제구축을 통한 창의적 신성장산업 인력 양성 • 핵심역량 A+대학 실현	
	숭의여자대학교	• 창의 · 인성 중심 전문 직업 인재 양성 "Good to Great Leader"	—	• Fun & Creative 교육	명확한 특화 분야 설정이 되지 못함
	신구대학교	• 직업교육의 최고 브랜드 • 신학일체의 정신을 바탕으로 국가발전을 선도할 수 있는 근면, 성실, 정직한 인재 양성	• 보건 · 복지 분야	• 직무 능력기반 서비스산업 창조적 중 인력 양성	
	신안산대학교	• 인성을 중시하는 실무중심 실용 명문대학 • 기독교 정신을 바탕으로 사회에 대한 발전 역량을 갖춘 실무인양성	• 지식기반 제조 및 서비스 신업 실무인력 양성	• 경기도(서해안권) 신업 클러스터 육성	지역사회에 기여가능한 특화 분야를 선정하고, 웰니스 전문성이 웰니스 전문가를 양성하기 위한 스토리를 구성하고 있는 스토리를 구성하고 있음
	안산대학교	• 최고 전문 지식인을 양성하는 현장중심 대학 • 기독교적 사람과 섬김의 리더십을 실천하는 최고 전문지식인 양성	• 웰니스 전문가 양성	• 선도적 글로벌 교육 • 스토리기반 챌린징 교육 시스템 구축	
	여주대학교	• "편FUN한 대학, 通Tong하는 대학, 함께Together 꿈을 키우는 대학" • 세종을 통해 스스로 깨우쳐 일어나는 자유시민 육성	• 문화관광산업, 도시진단신업, 웰빙산업	• 통섭형 Y형 인재 양성 • 전문 직업교육을 기반으로 한 학력 · 복합 • 세종 리더십 교육을 통한 지역발전의 기반을 준비	

부록 | 255

권역	학교	비전(Moto)	선택과 집중(Concentration)	차별화(Differenciation)	비고
	연성대학교	"세계적 수준의 직업교육 일류 대학" • 지성, 창의, 소통능력을 갖춘 창의적 인재를 양성하여 국가·사회에 기여	• 지식서비스 분야	• 수도권 지식서비스 분야 신입맞춤형 인력양성 기관으로 특성화 • 산학맞춤형 융합 인재양성	
	오산대학교	최고의 현장중심 창의 인재양성 대학 창조경제의 현장중심 지역선업 인력 양성	• 부품 및 사회기반 서비스 산업 주문 • 관광, 조리외식 분야 현장맞춤형 모듈 인재 양성	• CUBE형 인재 양성	
	용인송담대학교	"YOUNG, SMART & CREATIVE! YSC!" • 차이 존중 바탕의 인성과 전문화, 국제화, 선진화를 겸비한 현장적응형 실무 인재양성	• ICT 기반 반도체 및 유통물류 산업을 위한 실무인재 양성	• 대학 계열별 학문 특화 Secondary School • 도시형 산학협력 추진	
	웅지세무대학교	글로벌시대를 리더할 수 있는 세무회계전문 전문 인력 양성 "21세기 우주 경영을 리드 할 감수성과 창의성을 갖춘 세무분야 전문 직업인 양성"	• 회계·세무분야	• 전문교육 커리큘럼 특성화	회계·세무 분야만을 특화하여 교육을 하는 대학으로 특성화 사업 없이 차별성을 지님
	유한대학교	• 사람, 기술, 산업연계로 쓰임의 가치를 창출하는 실무 중심 대학 • 사회에 이바지 할 성실한 인재를 육성	• ICT응용 서비스 • 메카트로닉스산업 • 의료관광 및 스마트 그리드	• 수도권 서남지역 산학현장 맞춤형 중견기술인 양성	전문대학임에도 불구하고 선도할 수 있는 역량이 되는 다양한 특화 분야 존재
	인덕대학교	• 창의적 글로컬 리더 양성 대학교 • 그리스도 정신을 갖춘 산학연계 실무 능력 배양된 개방적 세계인 양성	• 창업 선도	• 창의적 융복합 해심 전문 인력 양성 사업 • 캠퍼스디자인 중심의 교육과정 개편	창업 선도 대학으로 부각하게 선발됨
	인재대능대학교	• 지역사회 발전과 세계화 시대를 선도하는 최고수준의 글로벌 직업교육 명문대학 • 소소로 학습 활동을 바탕으로 창의적 사고력과 올바른 인성을 가진 전문직업인 양성	• 호텔관광물류서비스	• C&C프로그램(글로벌 사업)인 지역서비스산업협력구축을 선도할 맞춤형 인력양성	

권역	학교	비전(Moto)	선택과 집중(Concentration)	차별화(Differenciation)	비고
	인하공업전문대학교	• "꿈이 잘되는 대학" • 참 교육, 참 인재, 참 대학	• 공업 및 서비스	• 지식기반 융합형 산업을 위한 N.C.S eco system 구축 • 글로벌리더십 교육 강화	
	장안대학교	• 학생이 우선인 수도권 대표 대학 • 창의적 전문직업인 양성	• 휴먼서비스 및 크리에이티브 서비스업	• 수도권 지식서비스 산업의 서비타이제이션형 인재양성	특성화사업 관련 재정지원 실적이 없으나 현재 제주 진중에 있음
	청강문화산업대학교	• 문화산업의 발전을 선도하는 대표 최고 대학 • "Only One, Only the Best"	• 문화산업	• 창조경제와 문화융성을 위한 문화산업 창조캠퍼스 완성 사업	5스쿨 1학과의 특색있는 학사조직 운영 (콘텐츠스쿨, 푸드스쿨, 패션스쿨 등)
	한국관광대학교	• "관광한국을 향한 비상을 꿈꾸는 지식대학, 한국관광대학교" • 관광 산업의 창의전문인 양성	• 관광산업의 Co-creative 전문 직업인 양성	• 관광·지식 창의 융합 교육 • 글로벌 관광 맞춤교육	관광산업만을 특화하여 설립한 대학교로서 영향 및 글로벌 교육을 차별하고 있음
	한국농수산대학	• 현장중심의 지식·기술·경영능력 및 국제적 안목을 두루 갖춘 미래농업 CEO 양성 • 세계최고의 농림수산 식품산업 현장 기술대학	• 농림·수산·식품산업	• 농업 관련 융복합 교과과정 혁신	농림·수산교육을 위해 설립된 대학으로서 그 자체로 특성화 성격을 가짐
	한국복지대학교	• 통합 사회형 인재를 양성하는 세계최고 수준의 대학 • 장애학생도 사회적 주주의의 고등교육 지원을 통한 통합대학	• 사회복지분야	• 장애인통합 교육을 통한 창조경제 통합사회 인재양성	비장애인과장애인 간의 통합교육 특성화로 그 프로그램으로서 차별점화 특화점을 지님

영역	학교	비전(Moto)	선택과 집중(Concentration)	차별화(Differenciation)	비고
	한양여자대학교	• "근면, 정직, 겸손, 봉사의 덕목을 갖춘 한양여자대학교" • 사랑의 실천을 이념으로 세상에 이바지하는 훌륭한 여성인재 양성	• 디자인 및 실용미술	–	
	고구려대학교	• 전문인을 육성하는 교육중점대학 • 지역사회를 발전시키는 봉사중점대학 • 세계를 개척하는 글로벌 명문대학	• 전문인 교육대학 • 평생 교육 대학	• 사회봉사대학 • 영귀대학 • 인성 자질교육	
	광양보건대학교	• 지식기반사회의 창의적 인재를 양성하는 국내 최고의 간호·보건대학	• 간호·보건계 특성화대학	–	
전라-제주권	광주보건대학교	• 사랑과 봉사를 실천하는 현장 실무형 전문직업인 양성 • "믿음으로 승리하는 대학, High Five in GHU"	• 글로컬 헬스-프로 특성화	• SMILE-G 구현을 통한 지역 맞춤형 보건의료인재 양성	
	군산간호대학교	• BEST 2020 간호대학 Top 10 도약을 통한 글로벌 현장 선도형 간호전문인 육성	• 노인간호 특성화 교육	–	
	군장대학교	• 지역을 선도하는 전국 최고 수준의 직업교육 중심대학	• 문화관광, 레저스포츠, 보건복지, 자동기계, 조선, 신재생에너지, 항공 분야 특성화	–	
	기독간호대학교	• 실무능력이 우수한 글로벌 기독 간호사 4년제 지정 사립 간호대학교 TOP5 진입	• 간호 분야	• 지역사회 및 대학 간호 봉사 확대 • 국제화 역량 강화 사업 추진	
	동강대학교	• 감동을 주는 세계수준의 직업 교육 중심대학 • 시대의 변화에 능동적으로 대처하는 창조적 전문직업인을 양성	• 보건·의료분야 인력양성	• DK-PIN 교육시스템을 통한 新 신학행적성 창의인재 양성	

권역	학교	비전(Moto)	선택과 집중(Concentration)	차별화(Differenciation)	비고
	동아인재대학교	"Change Your Life!" • 호남권 거점대학으로서 준비된 신규 복지 및 보건 인력 양성을 통해 봉사 촌 지역의 보편적 복지에 기여	• 보건의료계열 특성화	—	
	목포과학대학교	• 세계적 수준의 웰빙 특성화 대학 건설	• 보건학부+복지계열+웰빙학부	• 평생직업교육 특성화 전문대학	
	백제예술대학교	• 현재를 주도하고 미래를 선도하는 예술대학	• 예술·예능 분야	• 예술향유인 양성	
	서영대학교	• 한국 TOP10의 실용교육 중심대학 "흠을 기르자"	• 공학, 자연과학 계열 전문 인력양성 • 디지털공학, 문화예술, 서비스계열 전문인력 양성	• 4C-4S로 상시토탈케어를 통해 지역특화 인력양성	
	서해대학	• 호남 최고의 전문 직업교육 거점대학	—	—	
	순천제일대학교	• 하이브리드 기반 현장 맞춤형 인재양성 취업제일 대학	• 철강, 석유화학, 에너지인력양성	• THC 프로그램 특성화	
	연암보건대학교	• 세계적 수준의 창조적 직업교육 선도대학	• 보건복지·힐링 컨버전스 전문인재 양성	• LTM 교육시스템을 통한	
	전남과학대학교	• 세계로 앞서가는 전남과학대학교	• 노인 케어 전문 인력 양성	—	
	전남도립대학교	• 첨단 지식사회를 대비할 수 있는 창의적 전문기술 인력을 양성하여 지역사회 및 국가발전에 기여 • 글로벌시대를 주도하는 최고의 호남 유일 공립 대학	• 기계·에너지 분야	• 호남 광역선발군과 연계된 NCS 기반 직무교육강화와 창의적 인재 양성	
	전북과학대학교	• 따뜻한 마음과 창의적 역량을 갖춘 기술인력 양성	• MI-NCS 시스템 구축을 통한 실무 융합형 창의인재 양성	• RC 프로그램 운영 및 첨단문화활 성화를 통한 전인교육	

권역	학교	비전(Moto)	선택과 집중(Concentration)	차별화(Differenciation)	비고
	전주기전대학	• 취업과 실무에 강한 대학 • 타고난 소질을 충분히 개발하고, 민족과 인류사회에 공헌하고, 사름다운 삶을 다할 수 있는 인재 양성	• 사회복지(힐링) 분야	• 학교기업 기반 수요자 중심의 통합교육과정을 통한 인재 양성	
	전주비전대학교	• 창조적이고 성실하며 국가사회 발전을 선도하는 우수한전문직업인 양성	• 자동차·기계 / 녹색에너지 / 융복합소재 / 실버헬스케어	• 전라북도 성장동력 신성장동력 맞춤형 핵심 인재 육성	
	제주관광대학교	• 국제관광을 선도하는 세계적 수준의 관광 특성화 대학 실현 • 인성교육을 바탕으로 창의적사고, 진취적기상, 글로벌역량을 지닌 인재 양성	• 제주형 관광 특화	• 제주형 관광 특화	
	제주한라대학교	• 지역사회와 국가의 발전을 선도하는 특성화 학과 중심의 우수대학 • 동북아시아 직업교육 중심 대학 • 글로벌 경쟁력을 갖춘 인재 육성 특성화대학	• 일본, 중동 대상의 관광서비스, 호텔산업	• PBL 현장실무 교육 프로그램과 4년제 학사학위과정 도입	
	조선간호대학교	• 현장실무능력을 갖춘 창의적 글로벌 간호 인재 양성 • 현장실무능력 강화를 통한 지역사회 건강증진	• 지역사회 건강 증진(보건·의료·건강관리)	• 현장실무 중심의 특성화 교육 실행	
	조선이공대학교	• "인성, 기술, 취업 Level up" 부강한 국가건설과 세계인류 공영을 위해 봉사하는 영재 양성	• 광주·전남지역의 ECO-4Tech+	• 4C-Level up 을 통한 지역산업 연계형 전문직업인 양성	
	청암대학교	• "Accept the Challenge! Global 청암!" • 최고수준의 경쟁력을 갖춘 글로벌 재능 양성 대학	• 간호·보건·복지 분야	• 산학밀착형 융복합 교육을 통한 간호보건복지 분야 전문 인력 양성	

권역	학교	비전(Moto)	선택과 집중(Concentration)	차별화(Differenciation)	비고
	한려대학	• "미항여수, 미항대학, 한영대학" • 지역사회할 인재 육성에 요임	• 공업/해양관광/의료 보건 특성화	• 실무중심의 현장밀착형 전문기술 인력 양성	많은 특성 부야를 보유함에도 타 대학과 차별화 전략이 부족함
	강동대학교	• 성실, 창조, 협동을 통한 유능한 전문인 육성을 위하여 최상의 교육으로 학생의 가치를 창조 • 차별화된 역량강화를 통한한 생명동참조, "GDUsWay!"		• 실무인재 육성 및 지역사회 연계를 통한 산학협력 중심 특성화	명확한 특성 분야 설정이 되지 못함
	대덕대학교	• 미래를 선도하는 직업교육 중심 대학 • 진실한 사랑, 유능한 직문, 선명한 민주시민 육성	• 공학 및 인문사회계열 특화	• 수요자 중심 네트워크를 구축하고 이해관계자 (산학 협력) 네트워크 강화	명확한 특성 분야 설정이 되지 못함
	대원대학교	• 첨단 과학시대에 걸맞은 능력과 교양을 갖춘 전문 지식인 양성 • 감동교육 중심 대학, 품질 취업 보장 교육, 글로벌 표준의 전취적 대학	• 헬스케어 산업	• 지역선도 융복합기술 전문 인력 양성	
	대전과학기술대학교	• 무한가능성과 역동적 리더십으로 미래사회를 선도하는 대학 • 현장적응형 전문직업인 양성	• 웰니스 산업	• 창조경제를 선도하는 현장맞춤형 전문 인력 양성	
	대전보건대학교	• 세계를 품는 역량과 인성을 갖춘 미래인재 양성 대표 대학 • 대학경쟁력과 차별적 우위 확보	• 능력중심사회를 실현하는 SUPER 보건인재 양성	• 행동하는 문화힘을 통한 HIT 브랜드 창출(자기주도적가치관/직업관 형성/실현능력제고)	타 보건대학마다는 차별적 기능을 특성화 하고 있음
	백석문화대학교	• 기독교 정신을 바탕으로 국가와 인류사회에 기여할 수 있는 전문직업인 양성 • 기독교대학의 글로벌 리더	• BCHW분야 (Business,Culture,Health,Welfare)	• BCUOMEGA Project (맞춤형 취업률 100% 도전) • NCS, 융합교육, 주임 책임지도의 STAR 교육 시스템 구축	정부 요구에 부응한 차별화 및 100% 취업 집중 특성화 모델

영역	학교	비전(Moto)	선택과 집중(Concentration)	차별화(Differenciation)	비고
	아주자동차대학	• 세계수준의 자동차 특성화에 대한 국가와 세계의 자동차 산업 발전에 기여할 수 있는 역량을 갖춘 첨단 기술인 양성	• 자동차 산업 분야	• 실무 중심 교육프로그램 DREAM MOTOR Project 운영	
	우송정보대학	• 참되고 바른 인성과 자기주도적 리더십을 갖추면서 창의성과 실무능력을 겸비한 글로벌 인재 양성 • 참의적 실용교육에 충실한 명품대학	• 어식·관광, 보건·복지, 디자인·예술, 공학·철도, 경영·행정	• 인성과 실용기술이 융합 전문가 양성	많은 특성화 분야를 설정하여 선택과 집중을 하지 못함
	천안연암대학	• 생명 산업과 웰빙 분야 최고 전문가 양성 • 실무형 인재 양성 창의 특성화 대학	• 농축산 분야 (생명과학, 식품과학)	• NCS기반 글로벌 실무형 인재 양성	
	충남도립대학교	"꿈이 현실이 되는 매직캠퍼스" • 지역사회에 함께하는 중부권 명문대학	• 공공부문으로의 취업	• 기초인성은 물론 글로벌 마인드와 지역봉사 정신을 함양한 현장 전문인 양성	타 대학과 차별화된 교육시스템, 인재양성프로그램 등이 부족함
	충북도립대학	"열린 미래 희망찬 대학"의 특성화·창조적 산업 인력 양성	• BT·IT 융복합 바이오 산업	• 인성기반 장인인재 양성	
	충북보건과학대학교	• 고등교육과 평생직업교육을 통해 구별되지에 이바지하는 전문 인재 양성 • 창의적 전문 인재 양성으로 차·창조대학원의 실현	• 보건의료·과학기술분야	• 365일 열린 캠퍼스의 지역공동체 대학 조성 • 실무중심 평생직업 교육 대학 구축	
	충청대학교	• 최상급 실무형 전문가를 양성하는 명품 교육 대학 • 맞춤형 교육을 통한 충청의 엘그레이드	• 청주·오창 생명과학, 오창 과학, 전안 일반산업 단지 및 대덕식산업 단지기반 실무 인재 양성	• 평생직업교육에 대한 육성을 통해 수요자 맞춤형 직업능력 개발	

권역	학교	비전(Moto)	선택과 집중(Concentration)	차별화(Differenciation)	비고
	한국영상대학교	• 문화강국 대한민국의 위상을 높이기 위해 창조적 문화콘텐츠 제작 인재 양성 • 특성화 대학으로서 단기 국내 50위, 장기 국내 20위 내 진입	• 영상콘텐츠의 제작	• 특성화계열 집중의 학사구조 개편 및 장의 교육 강화	
	혜전대학교	• 국내 3차 산업 서비스 인력 양성 선도 대학	–	• 특성화 대상학과 집중 투자	• 명확한 특화 분야 설정이 되지 못함

Leadership is the capacity to translate vision in to reality.
리더십은 비전을 현실로 변화시키는 능력이다.

-Warren Bennis

한국대학의 구조개혁과 특성화
METAMORPHOSIS
대학의 **메타모포시스**

초판 1쇄　2015년 09월 18일

지은이　이상훈
발행인　김재홍
디자인　박상아, 이슬기
마케팅　이연실

발행처　도서출판 지식공감
등록번호　제396-2012-000018호
주소　경기도 고양시 일산동구 견달산로225번길 112
전화　02-3141-2700
팩스　02-322-3089
홈페이지　www.bookdaum.com

가격　24,000원
ISBN　979-11-5622-095-4　13370

CIP제어번호　CIP2015015352
　　이 도서의 국립중앙도서관 출판시 도서목록(CIP)은 e-CIP 홈페이지(http://www.nl.go.kr/ecip)에서 이용하실 수 있습니다.

ⓒ 이상훈 2015, Printed in Korea.

- 이 책은 저작권법에 따라 보호받는 저작물이므로 무단전재와 무단복제를 금지하며, 이 책 내용의 전부 또는 일부를 이용하려면 반드시 저작권자와 도서출판 지식공감의 서면 동의를 받아야 합니다.
- 파본이나 잘못된 책은 구입처에서 교환해 드립니다.
- '지식공감 지식기부실천' 도서출판 지식공감은 창립일로부터 모든 발행 도서의 2%를 '지식기부 실천'으로 조성하여 전국 중·고등학교 도서관에 기부를 실천합니다. 도서출판 지식공감의 모든 발행 도서는 2%의 기부실천을 계속할 것입니다.